律師
也有良心，

卡債不用全還、車禍對方錯了還是可以告
你、獲得遺產竟被告侵占…… 36個需要律
師的煩心事，讓暗黑律師法老王為你解惑！

怎麼了嗎？

法老王律師　　　　　　　　　王至德著作

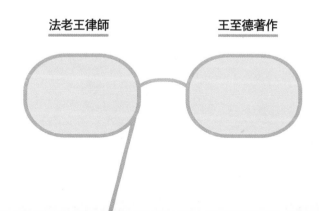

PART 1
律師也有良心，怎麼了嗎？

PART **2**

走進別人的人生裡

PART **3**

細節藏在律師袍裡

要在法律界活得有良心，
也不是件容易的事

—國立臺灣大學法律學系教授 李茂生

剛回國任教時教過的學生，寫信來問我是否可以替他的新書寫個推薦文，書名是《律師也有良心，怎麼了嗎？》。既然是學生，那麼我就應服務到底，替他寫個推薦文。

本來以為這應該是個非常正面的書籍，內容上就是說自己沒有被世俗污染，仍能在接近半百的時候維護住基本良心的心路歷程；不料，翻開來一看之後，發覺好像不是這麼一回事。本書雖然在最初介紹律師的辛酸苦悶，且透過卡債、家事、車禍等三大訴訟案件的處理，在字裡行間表明自己仍是個不小心踏入當事人的深層問題後，仍能維持良心的律師；但是隨後話鋒一轉，開始憑藉著多年的職業經驗，透過反諷的語氣，細數司法中的種種扭曲。

律師多了，為求生存，各顯神通一事，本來就是預料中的事情，不過經過作者娓娓道來，卻仍舊令人吃驚。本書的後半段，

從法扶開始，從對於千奇百怪的當事人諸種生態的描寫，到各種奇妙或說不適任的律師、調解委員、法官檢察官、專家（鑑定人）的舉止，無一不是只有內行人才會知道的秘辛。這麼說來，要在法律界活得有良心，也不是件容易的事。

不過，本書在最後還是回歸到初衷，寫出找個好律師的重要性以及選擇的標準。建議讀者不要被本書中段的光怪陸離所吸引，而是要跟著作者的腳步或思維模式，看到最後，相信這本書會在妳／你迷惘的時候，知道何處是陷阱，何處才有脫離泥淖的機關。

令人敬佩的非典型法律人

——荒野保護協會常務監事 宋家元

　　王律師是一位非典型的律師，他的非典型在於進入了律師業後，執業多年，仍保有著熱情，追求法律人該有的真理公義的本質（在後記當中有描述了作者的心情，蠻令人感動的！）。

　　這樣的非典型，讓他一直接觸著地面，知道人間的疾苦、升斗小民的法律之痛，並進而以專業關切著、照顧著，例如人們常遇到的債務困境，這時候法律真的可以幫上這些困難的人。

　　這樣的非典型法律人，不就應該是法律人該有的典型嗎？可是現在的法律人給我們怎麼樣的形象和期望呢？

　　我們出了兩位法律系的總統，立法院議會和行政官員法律出身車載斗量，司法諸君誇誇高談，但卻常有恐龍藏身其中，往往和人們對法律人的期待頗有落差！

　　實際上啊，庶民的生活，或者說庶民的痛，其實都需要貼著地面才能理解，交通遺產糾紛、離婚、家暴、負債更生……如果在上位者，能夠像王律師這樣貼近庶民，多接點地氣，我想這些

立法和政治上的狗屁倒灶錯誤立法和施政應該會少很多，也才能推出更有助人民的政策和作為。

很高興好友王律師出了這本書，講的是法律人眼中的生活日常愛恨情愁，書中有個人物系列，講的就是人的百樣百貌，不只可以當故事看，也可以幫助我們多學一些法律上的防身功夫！

我因為在荒野擔任志工的過程中和王律師成為好友，他除了日常的律師生活之外，也在環境保護環境正義上投入很多，這樣的非典型令人敬佩，能認識這樣的法律人，與有榮焉！當然要大大的推薦這本書！

很好看的法律故事書，對增加法律防身知識也很有幫助！

法律人的生命，藉由不斷地走入別人的具體個案而獲得充實

——掘想知識工作室（法律新幹線）主理人－林坤毅

關於「律師」這個職業，對民眾來說，在印象上可能是覺得收入高、光鮮亮麗、會主持正義、現在很好考、死要錢、讀很多書、很會背法條、就只是文組霸主等等面向。但實際上「律師」跟一般人並沒什麼不一樣，一樣有著不同的個性、求學過程、家庭背景、價值觀念、專長、喜好及顏值，所以當然「律師」也會有著各種面向的人格和處理事情的方式與態度，很難用「律師就是XXX」的刻板印象來套住「律師」這個職業，而王至德律師就是一個很難被刻板印象定義的一個律師！

本以為號稱「暗黑法律界的金城武」的王至德律師是要寫有關於法律知識普及為內容的書籍，結果我誤會了，《律師也有良心，怎麼了嗎？》這本書所要敘述的內容，其實是「法律人的生命」。從進入大學就讀法律系開始講起，到準備國家考試，考上律師後實習與執業後的情況等，無不寫出目前最貼近真實的一

面，是那種會讓法律人看完後「笑著笑著就哭了」的真實感。而書中王律師藉著小說般的筆觸，描述承辦案件的過程，趁機塞一點法律知識在裡頭，讓人不刻意的學習。另一方面，書中的內容也有助於破除一般民眾對於法律觀念的誤會，讓民眾可以了解「法律」在具體個案的邏輯操作，只要循著這個邏輯走，就可以避免掉生活中大部分的法律風險！

推薦給想要念法律系的高中生、已經在念法律系但不知道要不要參加國考的大學生、在準備研究所或國考的碩士生、不是學法律但想要考律師的朋友、不想考律師但想學點法律的朋友或覺得法律好像很難而不想懂法律的朋友們閱讀本書，相信本書會為各位帶來對律師的不同觀點及知識上的收穫！

不想碰到的法律問題，
有律師可諮詢很好，自己有概念更好

——荒野保護協會第八～九屆理事長 劉月梅

　　某天接到YouBike公司打來電話，說我租借腳踏車，卻沒付款，積欠50元，要我快快繳納。頓時有點納悶，問清楚何時租借？在哪裡租借？從哪裡騎到那裡？對方也交代的清清楚楚，釐清之後，才發現我的記名悠遊卡在不知情的狀況下遺失了，撿到的人可能也沒注意是記名悠遊卡，就愉快使用，直至餘額不足，才被發現，為了處理此悠遊卡事件，上了警察局、報了案、接了許多電話，才順利解決，因為我認為是自己遺失，造成別人困擾，也沒有追究任何責任，如此也經過兩三個月才處理完成。

　　平常生活中，平平淡淡的生活也怡然自得。但若不小心的情況下，牽扯到法律的紛爭，緊張、焦慮、無法定心的情緒就會產生，此時會希望有律師朋友可以諮詢（或是在作決定時，有律師可給些意見），但並非每個人都有律師朋友，就算有律師朋友，也並非在您做每個決定時，他都恰好有空可以給您諮詢，所以最

好是自己具備一些法律的基本常識。

　　有人會說：「法律就是很難懂呀，一條一條的法律條文，確實不易懂也不好消化。」若是把相關的案例變成故事，以看故事的方式增加自己法律概念，這樣就像是有法律顧問解析一般，自己也會在遇到相似的狀況時，有些經驗值，不再重蹈前人的錯誤。

　　如果，您有個律師朋友，可以提供您隨時的諮詢，這樣很安心也很棒。

　　如果，您有個律師朋友，但您想諮詢時他正忙碌，這樣是不是自己有點概念也不錯。

　　如果，您身邊都沒有律師朋友，那就更該讓自己增加一些法律常識了。

　　不管是哪個如果，以輕鬆的案例分享，增加自己的法律常識，有好無害，推薦給您法老王律師的《律師也有良心，怎麼了嗎？》，看看案例，看看有良心的律師。

暗黑律師的養成路

考上法律系是為了當大法官？

大概從二、三十年前開始，法律系大致上就是各校文組的前幾志願（通常是第一志願），彷彿只要考上了法律系，家裡就可以飛黃騰達一般，殊不知考上法律系才是個開始而已。

從考上法律系開始，大家似乎都覺得我以後就是要律師、當法官，本來嘛，大家不都以為只要是法律系畢業，不是律師就是法官嗎？然後如果只是考上律師，期望比較高的家庭就會要你繼續去考「大法官」，因為他們始終不明白大法官其實是總統選的（喔！還要立法院同意），也通常認為考上律師後就要再努力考法官，因為法官是比律師等級高的工作（檢察官：那我呢？）！甚至其實很多人也搞不清楚書記官跟法官有什麼不同。

慢著，感覺有點怪怪的，幾乎每個大學都有法律系，每年這麼多畢業生，可是有這麼多人當律師嗎？會想到這裡，就代表你

突破盲腸了，全國有二十二個大學有法律系，每年的法律系畢業生應該超過兩千個，而律師每年的錄取人數不超過千人。那司法官呢？更低！司法官錄取人數都是看當年的需求，每年錄取的人數通常是一百人以下，不過因為司法官是連非法律的科系也可以報考，所以報考人數通常比律師還要多，錄取率通常在1%上下。

而後來因為律師錄取人數過多，導致律師的素質良莠不齊，律師界也開始出現低價競爭，大量收案，然後案子隨便辦的情形，於是又把錄取率降低，所以目前每年錄取人數大約是五、六百人，算下來每十個法律系畢業生裡，至少有九個人沒辦法當律師、司法官。

大一就開始補習，越補越考不上？

通常有考過公務人員或證照考試的人都知道只要有考試就有補習班，律師、司法官的考試當然也不例外。在面對浩瀚法律海的時候，很多人都會不知所措，於是補習班就應運而生，幫考生整理重點，讓考生比較好背。畢竟是律師、司法官的考試，幾乎都是申論題，沒有一定的標準答案，考的是法律觀念正不正確，邏輯推理有沒有矛盾，所以在準備上相較於其他考試是更有難度的。

而補習班正是扮演了把浩瀚法海整理得更有系統的角色，讓考生容易理解以及記憶。不過因為律師、司法官考試對於某些法律系學生實在是太重要了，因此很多人都是從大四就開始跑補習班，補習一年後就上場考試，不過有些人為了贏在起跑點，你從大四開始補習，我就從大三就開始，甚至後來聽說有出現可以從大一就開始上課的補習班。

　　不過，準備考試從來就不是比誰先開始準備，而是比誰準備的方向正確。有許多大一或大二就開始補習的學生，其實根本還沒想過自己到底是不是真的想要準備考國考，也沒想過自己是不是真的可以在大一、大二別的同學都跑去玩的時候，就跑來補習班準備一個三、四年之後才會面臨的考試，因此很多學生雖然人在補習班，可是心卻早就跟其他的同學一起去玩了，更多的是時間花了，錢花了，效果卻很有限，對於三、四年後的考試更是沒有什麼幫助，反而度過了一個很空虛的大學生活。

　　後來還發現一個有趣的現象，愈是覺得自己考不上的學校的學生（國考出題委員比較少的學校），學生就愈會想要從大一、大二開始補習，反而台大、政大等學校裡有一堆出題委員的學校（通常也是錄取率或及格率比較高的學校），會想要早一點開始補習的學生就愈少。也不知道哪個是因哪個是果，總之有種愈早補習愈考不上的趨勢。

無法半途而廢的人生

　　正是因為如此，法律系畢業之後，如果不是一帆風順的畢業當年就通過自己想要的國家考試，常常就會硬著頭皮繼續考下去。法律系的畢業生很流行全職考生，也就是畢業後沒念研究所也沒工作，就一直躲在家裡唸書、準備考試，過個兩三年如果運氣不好還是沒有考上的話，多半就會出去工作，不然全職考生的壓力常常讓考生的性格變得扭曲。可是因為親友們都在看著、望著你考上律師、當上法官，也讓考生很難說放棄就放棄，於是就只好這樣繼續考下去，考到錄取為止，呃……或是考到看開了為止。

　　其實大學法律系畢業在親友眼中，大概就是等同於已經拿到律師執照或是已經是準法官了，所以當時親友見到面多半會問一下再來有什麼打算，是要當律師還是要當法官？被問到這些問題會有幾個反應：

1. 還沒考試過，不知死活的，豪氣干雲地侃侃而談（通常家人就會說：你一定沒問題的啦！）

2. 大概有去了解，知道難度有點高的，謙虛地說看可以考上哪一個（通常家人就會說：你一定沒問題的啦！）

3. 已經積極的在準備的，假掰地說：哎唷，考不上啦！（通常家人就會說：你一定沒問題的啦！）。

注意到了嗎？不管你說什麼，別人都覺得你一定會考上。

或許也就是因為這樣，所以意志力比較薄弱的人，可能就會一直在落榜、重考、落榜、重考的循環中度過五、六年，甚至是十多年的考試人生，要一直到已經受不了考試的壓力之後，才會徹底放棄考試，然後好好的正視自己的人生。

便宜、好用、免洗的實習律師

好不容易考上律師資格之後，還要完成兩件事才能拿到律師證書，一個是接受一個月的律師訓練，一個是實習五個月。

律師訓練就是上課，然後通常是一直在玩，就不提了，還是來說說實習吧。比起實習律師，大家可能更熟悉實習醫生，其實還滿像的，都是那個行業裡食物鏈的最低層，所有大律師不想做的都會丟給實習律師做，然後領的是很低的薪水，可以說就是律師版的廉價勞工。

因為實習期間只有短短的五個月，所以有的事務所甚至不會幫實習律師印名片，尤其跟當事人第一次開會的時候就很尷尬，因為在交換名片時實習律師就只能在旁邊乾笑。

另外實習律師的薪水也隨著時代的演進而降低，在民國八十五年時，實習律師的薪水大約三萬元，實習結束就加倍，等

到民國一〇一年的時候，實習律師的薪水居然只剩下兩萬五，到了我在寫這本書的時候，實習律師的薪水已經只剩下基本工資了，聽說中南部還要再更低，有的還拿不到薪水，只要不給薪水就不算廉價勞工了喔！不過因為實習律師實在太多了，有的實習律師即使不計較薪水也還是找不到實習的機會，就開始有人提議不然就讓實習律師付費給事務所來得到實習的機會吧！

在以往律師美好的時代裡，通常實習結束之後會留在實習的事務所待個幾年，累積一點經驗，不過在實習律師人數爆炸之後，有的資深律師就想到把實習律師當作廉價的人力來使用，因為實習律師的薪水幾乎已經低於助理，因此請實習律師遠比請助理划算，可以做的事情也比較多。一旦實習結束後就請實習律師離開，也不用負擔正式律師較高額的薪水，就這樣，實習律師就被當成免洗餐具一樣，用完就丟。

地位比助理還要低下的實習律師生活

好不容易考上了律師，也順利的找到實習律師的工作，終於進入事務所當實習律師了。在考上前總有種考上之後就是飛上枝頭當鳳凰的日子，卻不知道變成鳳凰之前還得先當生蛋的母雞。

在事務所裡的社會階級是這樣的：

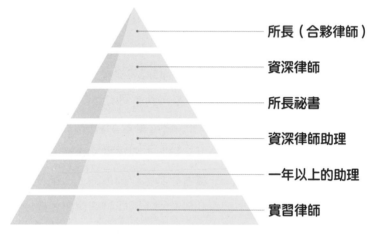

所長（合夥律師）

資深律師

所長祕書

資深律師助理

一年以上的助理

實習律師

＊有的事務所沒有合夥人或是所長祕書

　　從上面的表很明顯可以看得出來，實習律師的地位大概就是在食物鏈的最低層，跟浮游生物差不多。如果是比較有規模的事務所，通常是資深律師或合夥律師帶律師，然後律師再帶一個實習律師，工作分配也是一層一層往下分配，所長或合夥律師交給資深律師，資深律師交給律師，律師交給實習律師，所以實習律師通常是做一些沒人想做的工作，像是開庭、開會時作筆記、訴訟初稿的撰寫、被推出去挨當事人罵等等，只要是上面不想做而且可以不用親自去做的工作就都會丟給實習律師，這就是專業（？）的養成訓練。

不過原本應該是處理庶務的行政助理，或是有法律專業只是沒有律師執照的法務助理，都是屬於協助律師的角色，他們協助的對象還真的只有「律師」，不包括「實習律師」，也就是說基本上助理們不太會理實習律師的指令。這也難怪，畢竟實習律師經驗尚淺，所下的指令也不一定是最適合的，因此助理們會有所質疑也是正常的。

不過在某些事務所，助理因為跟著所長很久了，地位常常凌駕於實習律師之上，甚至還會把事情交給實習律師做。曾經聽說過還有助理叫實習律師去訂便當，甚至還會被叫去接老闆的小孩放學，因為實習期間是需要打成績的，實習律師為了避免實習成績被打不及格，也不敢得罪老闆資深助理，助理的「交辦事項」自然不敢違逆，也只好乖乖的去訂便當、接小孩，畢竟人在屋簷下，不得不低頭。

律師事務所的生態

事務所除了一些比較專門的事務所外，大致分成商務所與傳統所，所謂的傳統所是指主要處理的案件是以訴訟案件為主的事務所，所以裡面的律師大都需要具有獨立打官司的能力；而所謂的商務所，主要處理的案件則是以商務案件為主，通常是在審

閱、撰擬各式的契約或是其他法律文件，有時候也會需要處理企業併購等等的事務，因為常常會是跨國的案件，所以幾乎都會要求具備一定的外語能力。

正常來說，傳統所因為是配合法院的上下班時間，理論上應該是跟著法院的時間上班，大致上就是上班時間要開會、開庭，正常下班時間後就是寫訴狀的時間，所以常常也是沒日沒夜的工作。

而商務所因為有時候開會要配合國外的上班時間，甚至會在晚上十點以後開會，常常開完會也都十二點過後，加上商務契約有時常常是急件，拿到後可能兩、三天就要完成法律意見書，所以加班對於商務所的律師來說，可以說是家常便飯，據說有的商務所還有固定供晚餐，完全可以看出這家事務所的正常下班時間應該是在八、九點以後。結論就是不管是傳統所還是商務所的上班時間都是沒日沒夜，不過通常在徵人啟事上面都是寫朝九晚六，應該沒有事務所會誠實的寫「上班時間：二十四小時」。

沒日沒夜的大所

實習期滿之後，如果運氣好（？），有機會被大事務所（簡稱大所）錄取，到全國前五大的律師事務所上班通常薪水會比一般

事務所要高一些，第一年大約就近百萬年薪，福利也相對的好一些，甚至也有工會組織，可以保障同屬於勞工，但是常常不被認為是勞工的受僱律師（對，受僱律師也是勞工唷！）。不過除此之外，大概就只剩下每日漫長的工作時間。根據在大所朋友的說法，一天工作十二小時是基本的，如果遇到急件的時候，甚至要到凌晨才能離開辦公室。

既然這麼辛苦，那為什麼還要待在大所？有的人覺得樹大好乘涼，在大所至少薪水穩定，而且優於同業，就算沒什麼特殊表現，幾年內年薪破百萬，在可預見的未來月薪一、二十萬都不是問題，而且如果升上合夥人，收入還可能更高，有些是自認對於業務開發能力不是很有信心或是沒有興趣的律師，覺得在大所可以不用去開發業務，所以選擇在大型的事務所工作。有些則是覺得在大所可以接觸到小所不會接到的案件，待個幾年再去別的事務所或是自己開業會有幫助。

無論選擇大所的理由是什麼，在升上合夥人（或初級合夥人）之後，就會開始面對需要到外面開發案件的問題，有些律師一開始就是抱著不想跟業務扯上邊的想法而進入大所，最後卻還是面臨需要開發業務的窘境，最後不是勉強接受，開始學習業務開發，就是打死不升合夥人，當然這也會面臨收入提升遇到瓶頸的問題，不過這都是個人選擇，沒什麼好壞。

沒日沒夜的小所

　　大所是這樣沒日沒夜的，那小所呢？小所就很看老闆了，有聽過老闆為人和善，善待受僱律師，薪水給得高，直逼大所，工作適量，認真一點都可以準時上下班，整個就是天堂。有的則是踩到雷，薪水給得不如大所就算了，工作量卻是比照大所，平常就是每天九點上班，晚上八、九點下班，遇到急件的時候則會過午夜才能離開辦公室。而且不像大所是團隊運作，而是讓受僱律師單打獨鬥，老闆（所長）則是完全不管案件，即使受僱律師有問題的時候，也兩手一攤，表示不了解案情，要受僱律師自己解決。

　　我有個朋友就是不小心進到這種雷所，一開始還抱著學習的心態在努力工作，隨時都有超過五十件未結案件掛在身上，後來實在受不了，就向老闆請求加人，老闆否決之後就要求加薪，老闆勉為其難的同意，結果當年年末的時候，老闆說事務所今年不賺錢，所以沒有年終，增加的薪水還不及原本該領的年終，被老闆擺了一道，無良老闆哪裡都有，律師界也不少。

　　受僱律師有個特別的情形，叫做「接自案」，自案的意思就是自己的案件，也就是受僱律師自己接進來的案件而不是事務所接進來的案件，收的費用通常也是受僱律師自己拿走。

　　在大部分的中小型事務所都會允許受僱律師接自案，不過通

常都會「抽成」，也就是看自案收多少錢，從中抽取一定比例的金額給事務所，美其名是使用事務所資源處理自案的成本費用，不過實際上是在上班時間處理自案的「補償」。我是覺得因為自案處理一定會使用到上班時間，所以即使完全不用辦公室的資源，交一點錢給事務所倒也不算不合理。

至於要抽成多少，就要看老闆的良心了，有的佛心所只抽5%，有的是抽93%，對，沒看錯，就是受僱律師自己處理自案，還只能拿到7%，基本上就是不希望受僱律師接自案的概念。

不過通常以後想要開業的律師都會努力的開發自案，一來磨練接案的業務能力，二來也可以當作日後開業的基礎，對於能開發業務的律師，事務所是又愛又恨，愛的是可以為事務所帶來額外的收入，恨的是接案能力好的律師通常留不久，因為可能很快就會去自立門戶了。

沒日沒夜的自立門戶

根據統計，全國律師有超過六成以上的律師是自己開業或是跟別人合夥，或是合署。所謂的開業就是自己成立事務所，自任為所長，也就是老闆，下面有的會聘請助理或受僱律師，有的則是自己單兵作戰。

而合夥還有區分成所有業務都合夥，以及共同分擔行政成本，不過案件則是自己處理各自收錢，彼此沒什麼關係。

　　至於合署則是由合署律師向事務所承租辦公空間，而事務所通常會提供基本的行政服務，像幫忙寄信、接電話之類的，案件上則是各自接各自處理，有的關係比較緊密一點的會一起合作處理一些案件。

　　從上面的說明可以發現到，律師好像很喜歡自己當老闆，其實這算是被情勢所迫，因為一般而言，受僱律師的月薪大約是一到二件訴訟案件的律師費用，也就是說一個月只要能接到一到二件訴訟案件，收入就會比受僱律師的薪水高了，自認為有接案能力的律師，受僱沒多久就會想要自立門戶了，因為收入實在差太多了，而且就算收入比受僱少，也會覺得即使沒賺到錢，至少賺到時間，可以好好享受生活。

　　因為律師愈來愈多、薪水愈來愈低的情況，導致更多的律師早早就自立門戶，也產生很多剛實習結束就急著要自己開業例子，如果是在考上之前就有相關的工作經驗的還好，但很多都是大學畢業後沒工作過就考上律師，實習結束之後又馬上自立門戶，因為沒什麼條件跟經驗豐富的律師競爭，就只好削價搶客戶，又因為經驗不足導致接進來的案件沒處理好，變成爛尾案。

　　因為這種的惡性競爭，造成原本就沒什麼專長的律師也跟著降價，為了維持原本的開銷，只好再多接一些案件，我曾經看過

某位低價接案律師的行事曆，在最近的一個月之內，每天至少一至二個庭要開，有時甚至多達三個庭，每次開庭含交通時間通常是二到三個小時起跳，庭期這麼滿，也不知什麼時候有時間好好寫訴狀。

這樣的情況也導致這些律師沒有時間好好處理每個案件，也連帶著辦案品質跟著下降，該寫的狀沒寫，該主張的權利忘了主張，甚至超過上訴期間才提出上訴，嚴重影響當事人權益的失誤也更容易發生，最後倒楣的還是當事人，還有律師說自己就是拚「翻桌率」，言下之意就是用最短的工作時間把案件處理掉，聽了忍不住暗自為他的當事人感到憂心。

不過以上這些影響最大的是比較新進的律師，至於一些已經有穩定案源的律師而言，則是不太受影響，因為會找他們的當事人，不會為了省一、兩萬元而冒著可能影響訴訟結果的風險，而這些已經有穩定案源的律師也不會為了多接一、兩個案件而降低收費，最終會受到影響的其實是那些喜歡比價的當事人，因為他們比到最後通常都是找到市場上最便宜，也最忙的廉價律師，品質通常也沒辦法期待，一分錢一分貨，拿香蕉請到的通常是猴子。

不當律師的話，公司法務也是一條路

　　既然大所在「升遷」之後，還是會面對需要招攬業務的挑戰，那有些對業務真的不想碰的人，或是對於訴訟案件很沒興趣的人，而又進不了或是不想進大所的律師就會選擇進公司當法務，法務的薪水通常比不上受僱律師的收入，不過公司法務強在有的公司會有獎金、配股、分紅等等額外收入，而且大公司的福利通常也比較好，而且生活安定。

　　不過其實公司法務的事務也很繁雜，除了基本的合約的審約、撰擬之外，通常還要負責公司的法治教育訓練，也常常需要跟其他部門尤其是業務部門的同仁開會，而且如果是在比較有規模的公司的話，還會可能會有一些部門間的鬥爭什麼的麻煩事，畢竟有人的地方就有紛爭，更何況是人多的地方。相反的，如果是在比較小規模的公司，因為人力有限，也常常需要兼辦其他事務，曾經聽過有公司法務還要兼管人事或是總務的，畢竟員工少，就得一個人當兩個人用，有一好，沒兩好。

　　也有一些進到公司的律師走出不一樣的路，像是PChome的法務長，就已經不單純是在處理法務的事務，也會參與一些公司經營的決策事務，已經不能算是單純的法務長了，不過能達到這種成就的律師為數也不多就是了。

PART 1

律師也有良心，
怎麼了嗎？

律師在很多人的心裡，就是不問對錯，只會收錢辦事的魔鬼，但其實律師也是很有良心的啊（心痛），只是在大部分的情況下，很難有什麼絕對的是非對錯，善惡的界線往往混沌不明。會用現金卡借錢的人也許不是揮霍無度，而是他一個人要扛起全家人的支出；欠債不還的人可能不是耍賴擺爛，而是即使再認真找工作也賺不到自己的基本開銷……而身為當事人的律師，所能做的，也只能盡力讓他們在法律的保障之下，可以過得起好好喘口氣的生活。

借二十萬要還一百萬的卡債風暴

　　如果是民國七十年次以前的人，應該都對於George & Mary現金卡的廣告有印象，因為辦卡容易、借錢容易，在廣告的催化之下，欠錢變成一種高尚的行為。

　　當時有很多的年輕人就借錢去享受生活，不過天下沒有白吃的午餐，借了錢當然就要還錢，而像這種現金卡、信用卡的利息通常都接近 20%。

　　20% 是什麼意思？就是每隔五年就會加倍的概念。從當年到現在已經接近二十年了，也就是說當時的這些卡奴如果沒有去處理這些債務的話，欠到現在連本帶利是可以翻五倍的，也就是當時借的二十萬，已經變成一百萬了。

　　不過這個只是利息，銀行當時為了閃掉法定年利率 20% 的上限，還另外加上了違約金、手續費等等名目，所以實質上的年利率是超過 20% 的，也因此每個來找我處理卡債的人，少則欠五、六十萬，多則欠五、六百萬，甚至上千萬。

　　什麼？你問我為什麼可以欠到這麼多錢？傻瓜，當然是二十年的利息都加上去呀！本來欠一百萬，加上二十年的利息就五百

萬了呀！

　　什麼？你說請求時效只有五年？傻瓜，又不是每個人都知道這件事，銀行都嘛先當你不知道，先要了再說。而且五年時效的意思是說，五年內都沒有跟債務人要錢的話，就不能再要了，問題是銀行每隔五年就會去跟債務人要一次，只要要一次，五年的期間就要重新起算，所以時效永遠不會過期。

　　而會去用現金卡、信用循環利息的人，通常收入都不會太高，收入高的不需要借錢，不然有房的就借房貸，傻傻的才會去借這種 20% 的。所以當累積的欠款不知不覺突破百萬的時候，對他們而言，就已經是一個天文數字了，於是就開始找朋友借錢還款，沒借到的還好，有借到的常常也只是把朋友也拖下水而已，不過最常見的還是就開始裝死不還。

　　是說銀行也不是省油的燈，你不還，我就告你，接著查封你的財產、扣你的薪水。這些人通常都只是領薪水的員工，收入本來也沒多高，一旦被扣薪水（通常是扣 1/3），幾乎就會讓生活陷入困頓，而且公司通常也會認為這個員工有問題，就會找個藉口把這個員工給 fire 掉。

　　本來就欠錢了，現在還沒工作，這些卡奴們就開始逃避。銀行一開始會不停的打電話催款，等了幾年催不到款後，就把這筆債權打包賣給討債公司，早期的討債公司有一些的討債行為都是遊走在法律邊緣，每天到門口等你，或是在你家樓下潑漆，或是

用大聲公在你家樓下大喊「xxx欠債不還」，讓鄰居都知道你欠錢，讓你在那個地方活不下去。反正就是用各種會讓你崩潰的方法跟你要錢，等你受不了了，就會想辦法去弄錢來還他們，至於你從哪裡弄來的錢，他們一點也不在意。

於是卡奴們就會開始搬家，四處搬，然後換工作，從有勞保的換到沒勞保的，從正職的換到Part-time的，為了避免被扣薪水，於是從薪資轉帳的，換到領現金的，但是畢竟有些公司不願意配合，於是工作的選擇就變少了，又變得更還不出錢來，然後就這樣惡性循環。所以往往到了真的願意面對的時候，都已經欠了百萬以上了，

一個月薪不到三萬的人，要他還兩百萬，怎麼還？就算分二十年，一年也要還十萬，而且還有一點很可怕，就是如果你同時欠利息跟本金的話，你還的錢會先被拿去還利息，利息都還完了，才會還到本金。

也就是說，如果你每個月還的錢不夠還利息的話，還得再久，都是在還利息，本金永遠沒還到，每個月利息都還是這麼高。本金如果是一百二十萬，每年利息是二十四萬，每個月要還兩萬的利息，如果還不到兩萬，那就都沒還到本金，你欠的錢永遠不會減少，還會愈來愈多。

這也是為什麼每個來找我的卡奴都很慘，因為當初還有能力的時候，一直拚命還錢，也搞不清楚其實都沒還到本金，等到發

現的時候，身上的錢已經都拿去還「利息」了，本金一點也沒少。

　　這種狀況之下，很多人就會開始逃避了，然後就開始過著名下沒財產，薪水領現金的生活，電話不敢接然後搬家、改名等等，黑白人生就從這裡開始了，有的一直隱姓埋名過生活，直到被討債公司找到就再搬家；有的則是選擇輕生，自己走的還算好，當時有的還是把小孩帶著一起走上絕路的……。

有種陷阱叫做和銀行簽還款協議

　　因為這些卡奴造成的社會問題實在太大，所以後來立法院通過了「消費者債務清理條例」，主要就是協助這些卡奴解決債務問題，讓他們有重新來過的機會，而我就是債務清理案件的專科律師，經手很多件的債務清理案件，其中，印象最深刻的就是阿娟。

　　當初阿娟來找我的時候，給我的第一印象就是「老實」，拿著欠了三百多萬的資料來開會，後來經過確認後發現其實是欠了五百多萬。

　　問她怎麼會欠這麼多，她說是因為之前沒有生活費，就去申辦現金卡借錢，因為很好借，就這樣一直借下去，越借越多，就越還不出來，原本想要好好工作來償還，就去考導遊執照，想說趁陸客大量來台觀光的時候，多賺一點，結果運氣很差，考到執照後遇上政黨輪替，陸客不來了，只好繼續待在原本的工作求生活。但因為討債公司、銀行一直打電話到公司討債，還查扣她的薪水，公司怕惹上麻煩就請她自己走人。因為她的年紀也超過五十歲了，工作不好找，好不容易找到排班電訪員的工作，才有

辦法支應生活費。

　　阿娟很孝順，除了要養自己還要養一個八十歲的母親，這個年紀的長輩很容易有一些病痛，醫療費什麼的幸好有姊姊幫忙負擔，但也因為這樣，照顧媽媽的重擔就落到阿娟身上，大概是姊姊覺得自己已經出了大部分的費用，就讓阿娟出點力吧，不過她倒是沒什麼怨言，而且還會自責造成姊姊的困擾，因此不太願意為了其他事情麻煩姊姊。

　　她和媽媽的生活過得非常的節儉，兩個人常常一個月花不到五千元，想像一下，在雙北市要用五千元供兩個人的生活費（不含租金），過的是怎麼樣的生活……。

　　因為收入也不穩定，一個月有時賺不到一萬元，還要被法院扣薪，生活真的很辛苦。她一開始跟我講的時候心情都算平靜，所以我也沒太大感受，就先幫她聲請跟銀行進行調解。

　　聲請調解之後，有一次阿娟送資料來，說銀行找她去簽了一份協議書，要她每個月還七千元。我很生氣的問她為什麼沒跟我討論就自己去簽這份協議書？而且更重要的是為什麼要簽？她當時就很激動的跟我說她怕銀行又找去公司，會讓她丟了工作，她現在年紀也大了，很怕找不到工作，會讓母親一起受苦，所以才會同意簽這份文件，一邊講一邊掉眼淚，我當場除了遞衛生紙給她之外也不知道該講什麼。

　　不過調解還是要進行，銀行在這個階段通常會直接開一個

他們銀行所可以開出最優惠的條件給債務人，大致上是最多分一百八十期（十五年），然後只還本金或是只收 2% 以下的利息。

律師在卡債案件裡面做什麼？

這種卡債的案件會到我這裡來，很少會在調解就結案的，所以不管銀行開出來的條件怎麼樣，我們通常都沒辦法接受，而且當時阿娟每個月收入才一萬六左右，每個月母女開銷就要一萬四了（包括醫療費、勞健保、伙食費、交通費，然後電話費一個月才兩百元，他們連第四台都沒有……），這還沒包括一些拿不出單據的臨時性開銷，除此之外，她還因為被討債公司扣薪，搞得公司知道後就把她的班停掉了，所以調解當然沒有成功。

既然調解沒有談成，那接下來就要開始聲請更生程序。

前面提到阿娟背著我去簽了一份協議書，其實產生了一個很大的麻煩，因為更生的前提要件是要「顯無清償能力」，明明才跟人家簽了還款協議，立刻說自己沒有清償能力，那你簽的協議是簽心酸的嗎？

也因為這樣，雖然文件還是照送，但是開始被法院不停的要求各種補件，要債務人的租屋狀況資料、要收入證明、要支出證明，還要母親的財產收入資料。阿娟真的非常聽話，要調什麼資

料都是很快的就送過來，也不會像有的卡債當事人拖拖拉拉，還會碎念說為什麼這麼麻煩（不爽不要辦呀）。

不過後來法院發現她名下有個證券戶，要求我們提供相關的資料，阿娟說是姊夫之前用她的名義開這個證券戶買股票，股票雖然掛在她的名下，但是其實都是姊夫的，但是法院根本不信，還是一直要她提供證明，我只好要她提供證券戶的資料給我，她就開始支支吾吾的拖延。後來開會時，我不耐煩的問她說為什麼一直沒有把資料送過來，到底是還要不要辦啊？她當下就低著頭說她實在不好意思去跟姊姊要這個資料，姊姊已經為她扛起媽媽的醫藥費了，她實在沒有這個臉去麻煩姊姊。

問題是如果不提供證明的話，那就要把股票的價值折現攤入每期要還的金額裡面。本來每個月就要還三千多元了，再加上這一筆，每個月要還五千元以上。她聽完後，就開始焦慮了起來，我還記得那次是她第二次在我辦公室落淚，一邊哭一邊問我該怎麼辦？是

什麼是更生呢？就是法院依據債務人的收入以及支出的狀況來訂一個還款的方案，然後強迫銀行跟其他債權人接受的程序。這個還款的方案跟欠多少錢是沒有關係的，主要是看債務人的收入跟必要支出的金額，原則上每個月薪水扣完必要支出後，剩下的錢就要拿來還款。

等於是不太可能有餘錢去吃喝玩樂，更別說是出國玩了，不過好處是只要還六年，六年一過，就海闊天空了。

我之前接了一個案件，一開始不知道當事人的收入頗高，扣掉每個月的必要支出之後，竟然每個月要還三萬元，而且最慘的是，三萬元還六年的話，總還金額比他原本欠的還多，聲請更生根本是來亂的……

不是就不能辦了？

看她哭了，我的心也軟了，只能無奈的跟法院回報說因為跟姊姊的關係不好，所以無法提供相關的資料，沒想到後來法院就寄來通知說要開庭了。原則上更生案件原則是不開庭的，如果要開庭的，表示麻煩大了……。

開庭的時候，法官不停的問她沒有工作要怎麼還錢，也不停的跟她要證券戶的資料，我一直向法官說明她目前在上大客車駕照的駕訓班，等結訓就可以有錢還了，至於證券戶的資料則是因為跟姊姊之間的關係不好，難以取得……。

後來法官開始問她為什麼之前簽了協議又說自己沒辦法還款，是不是根本沒有還款的誠意？雖然我拚命解釋，法官的口氣卻愈來愈不耐煩，我先是請法官同情並理解她們這個年紀的人要再找工作真的不好找，所以當時是為了避免丟掉工作才勉強簽下這份她根本還不出來的協議書。但法官還是一副懷疑的態度，直到後來我整個抓狂（覺得法官是活在鑲金的象牙塔裡嗎？這麼不知民間疾苦？），被情緒沖昏了頭，居然嗆法官說人家都五十好幾了，這種年紀的人在外面根本超難找工作的，而且一般公司也不想用一個信用有問題的員工，法官這樣逼她是要叫她去死嗎？

嗆完之後才在想到說我連法官也嗆，我的律師生涯是不是該結束了T.T。

不過因為阿娟真的很可憐，又老實，就是運氣不好，卻因為

這樣就受到法官如此的質問，於是我整個人就不知道在熱血什麼的，當場只覺得自己做了一件自己想做的事（不過開完庭後就很懊惱自己幹嘛這麼衝動……）。

開完庭本來想說先看法官怎麼處理好了，真的不行就過一陣子再聲請一次。沒想到一個月後就接到法院的文件，那個被我在心裡詛譙了幾百回的法官居然同意我們提出的還款方案！

每個月還三千三百元，還六年，總還款金額占總債權的 9% 不到，我還記得我打電話給她告訴她這個消息的時候，她激動的不停感謝我，隱約有聽到她喜極而泣的聲音……。

以前有個資深律師跟我說：「對於當事人的案件不要太入戲，終究是別人的故事，你永遠也只是個旁觀者。」講完還不忘勸我對於當事人的說詞，聽聽就好，別太認真。律師當久了，也確實更會提醒自己，不要太涉入當事人的案件，時間久了，也跟大部分的律師一樣，好像就遺忘了當初的熱血了，冷酷的看待當事人的情緒，甚至看到當事人的眼淚也不見得會喚起那股被埋在身體裡的熱血，不過不知怎麼的，在某個當下，內心的那個熱血青年要出來的時候，你擋也擋不住。

六十五歲的劫後餘生

其實卡債案件處理的不只是卡債，只要是欠銀行錢的，都可以處理，不過除了更生之外，還有另外程序叫做清算，大致上就是我們一般人說的破產。

有對年過六十的吳姓夫妻一起來找我要辦更生。

吳先生自己開公司，因為資金周轉有些困難，就向銀行借錢。公司向銀行借錢的時候，銀行通常會要求公司負責人當連帶保證人，吳太太是名義上的公司負責人，所以理所當然的就成為連帶保證人，後來借的錢多了，後面的銀行為了增加擔保，就要求老公也一起當連帶保證人，錢越借越多，借到沒有銀行肯借了，就跟認識的地下錢莊借，利息當然不低，不過人在急的時候就是這樣，不會想還不出來怎麼辦，只想快點借到錢，解決燃眉之急，所以雖然知道利息高，還是咬牙借了。

不過每個經營失敗的例子都差不多，後來公司還是因為周轉不靈而倒閉，結果包括私人借貸及銀行貸款兩個人都欠下了上億元的債務，初期他們還一直想要東山再起，到處尋找機會，無奈找上門的都是希望再從吳先生身上挖錢的人。

這十多年來夫妻倆過著東躲西藏的日子，面對不斷找上門的債主，還曾經被黑道押走，把身上僅餘的錢全部掏空，落得非常潦倒的下場，生活十分拮据。公司倒閉的時候年過五十，雖然吳先生是財經背景，不過一般公司行號要找基層只會找四十歲以下的，三十多歲都不是很好找工作了，更何況是一個年過五十，離基層已經很遠的人？所以當然都找不到正常的工作，只能靠著打零工過活，有時一個月能用的錢不到幾千元，一直到六十一歲可以領榮民就養金的時候，日子才稍微過得好一點。

這對夫妻來找我的時候，因為債務已經超過一千兩百萬，依照規定是**只能聲請清算，不能更生。**

吳太太每次拿資料過來的時候，心情都很差，而且不耐煩，動不動就抱怨為什麼要提供這麼多的資料，有幾次也快把我惹毛了，都是吳先生在一旁好言相勸，才緩和現場的氣氛。後來才知道原來她是因為擔任公司的掛名負責人卻被拖下水，就這樣整個下半生被拖累負債，難怪每次來怨氣都很深。

每次提報資料後，都要經過漫長

清算跟更生不同，清算只要把自己所有的財產都拿出來分給債權人就好了，不用像更生還要還款六年，不過也因為這樣，所以法律對於清算的限制更多，不會隨便就准許債務人清算，同樣的，法官對於清算也是更為嚴格，會不斷的要求當事人提供各式各樣的資料，除了個人的財產、所得資料外，也嚴格的審查他們的支出憑證，甚至仔細到連假牙的費用都會特別發函給牙醫診所確認提報的費用正不正確、合不合理，當時那位牙醫還打電話來詢問我該怎麼回覆法院……。

的等待，短則一、二個月，長則快半年都沒有任何消息，打電話去問書記官也只得到「處理中」的回覆，而且每次法院來函要求補件的資料，常常是高達一、二十件資料，讓很多債務人望而生畏，終而放棄，這就是清算程序。

這對夫妻也不例外，因為中間要提供的資料實在太多，又麻煩，而且就像是漫無止盡的補件地獄一樣，一樣補完再補一樣，最後吳太太選擇放棄，撤回清算，最後一次開會，她淡淡的跟我說：「都到這個年紀了，反正之前也欠了一、二十年，就這樣繼續欠下去吧……。」

而吳先生還是堅持的要走完清算的流程，無論法院要什麼資料，他也都盡力的提供，相當認分，好不容易把程序走到最後，要交由法官決定要不要讓他「免責」，如果免責的話，就代表債務一筆勾消，如果沒有免責的話，就還是得繼續還債。依照規定，法官得開一次庭聽一下債務人跟債權人的意見之後才會做出決定。

開庭當天，法官先詢問債權人的意見，來了三家銀行的法務，其中有一家銀行說吳先生每個月領一萬四千多應該還有剩餘，還可以還錢，而另一家則是說他是財經背景的，以這個年紀還有工作能力，可以再去賺錢還債。

且不論他當時已經六十五歲了，我很想問到底有哪家公司會願意聘他？是要當主管還是要當底層職員？要底層職員怎麼不找

個二三十歲的？要主管怎麼不找個正值壯年的？（還是要跟銀行法務說不然就去你們公司上班好了！），更別說一萬四在台北生活還要包括房租，到底要怎麼樣才可以有剩餘的錢來還債？

當然，我也知道，身為銀行人員，身為債權人的代理人，自然要講一點話，才算是負責，不過心裡難免動氣，看看旁邊年已六十五歲的吳先生，於是我在法庭上一番慷慨激昂，下了庭後，他語氣誠懇的感謝我在庭上幫他說話，我也是不免感到一陣心虛，真的不知道這樣能不能幫上他的忙……。

不過法官可能也看見了我們的誠意，最後總算是讓他免責了，打電話跟他說的時候，他只有淡淡的道謝，沒有多說什麼。也是，六十五歲的年紀，就算債務都一筆勾消了，也不過是讓他的晚年可以免於債權人的騷擾，要說什麼恭喜重啟人生的話，倒也是真的說不出來了。

孝女遇渣男！淚訴：賣車還債

如果說前面的吳姓夫妻因為是開公司，在發達的時候也有享受到，後來的躲債生活或許算是先享受後付款的代價，那何小姐就可以說是上天特別不眷顧的一位。

何小姐第一次來事務所開會的時候，打扮入時，還因為開車來沒依照我的停車建議而找不到停車位因而遲到，以一個法扶案件的當事人而言，似乎是「不夠窮」（不是說好只幫助沒錢的人嗎？），也不重視自己的案件。當然，我也沒給太好的臉色，不過可能因為口罩的關係，何小姐渾然不知道我已經在她的身上打上了「不尊重律師的當事人」的標誌了。

跟何小姐開會時，發現她平均下來每個月可以賺到至少七、八萬以上，之所以沒被扣薪是因為她是不動產代銷的銷售員，跟不動產代銷公司或建設公司間算是短期聘僱關係，一個建案結束後，就會結算傭金，再換到下一間公司繼續賣不同的建案，跟公司並不是一般的勞資關係，勞健保也是投保在公會，因此債權人想要強制執行她的薪水或獎金是難上加難，除非剛好在結算傭金前找到她目前的代銷或建設公司，不然法院跟債權人總是會得到

「何小姐目前已不在本公司任職」的回覆。

聽完何小姐解釋自己的平均月收入之後，我已經幾乎肯定這個人應該是明明有能力還債，卻想要用更生程序占銀行便宜的人，還在心要裡盤算要不要回報法扶這個狀況。

不過就在我隨口講了句「明明賺不少，怎麼會還不起呢」之後，卻看見何小姐眼眶開始變紅。

原來何小姐的父母離異，何小姐從小跟著媽媽，在那個年代，女人家要獨立扶養小孩長大實在不容易，因為經濟狀況不好，何小姐很小就開始出來半工半讀，等到出社會之後，好不容易可以開始好好賺錢的時候，上天就開始開她的玩笑，每次好不容易存了點錢，家裡就一定會有事情發生，像是家人生病需要醫藥費、車禍撞傷別人要賠錢、家人要還賭債、犯罪被抓要保釋金等等，反正總是會有事情突然發生，然後就伸手跟她要錢，甚至是弟弟上大學的學費也要幫忙出一些。

她把存款都拿去幫家裡還錢、付錢，等到兩手空空的時候就去借信用貸款，或是刷信用卡墊付，然後自己再慢慢還錢，不過這種事情也不是一筆還完了，下一筆才來，有時是幾件事情接踵而至，於是卡費、信貸應繳金額繳不出來了，就開始躲債，她還算是個有良心的人，覺得自己欠債就應該還，所以也是很有誠意的跟銀行慢慢協商，從七、八家的債權銀行，一直還到只剩下一家銀行和兩家資產管理公司（銀行轉讓債權），如果不是因為她

跟銀行實在談不下來，也不會想要來找我。

我靜靜的聽著何小姐說著自己的故事，邊聽邊拿衛生紙給她擦拭眼淚，她擦完淚後還笑著跟我說：「總會有好運的一天的！」嘖！真是一個樂觀的人……。

不過上天也沒這麼容易放過她，她還提到她的車子是家境不錯的男友要送她的，目前跟男友已經論及婚嫁，所以她想快一點把債務處理掉，好跟男友結婚。

因為怕被男友瞧不起，也怕男友會覺得她是為了錢才交往，所以堅持債務要自己處理，不想靠男友，於是就東拼西湊，跟朋友借錢來還給資產管理公司，之後再慢慢還朋友，就這樣順利的解決了第一家，說要湊錢來還第二家。但是就在準備要簽約的時候，她突然臨時跟我說朋友突然反口不借了，事情也就先這樣擱著，一直過了差不多一個星期，她才找到其他的朋友借錢來還掉第二家。

還完第二家後，她說想要把車拿去貸款還銀行的債務，不過許久都沒有消息，後來有天突然聯絡我詢問有關車子過戶的事，才知道她前一天抓到男友偷吃，已經提了分手，只是車子說好要送她，她原本想等還完錢再過戶，現在也不得不過戶了。

原本的結婚過好日子的美夢醒了，一下子被打回現實，從同居住處搬出來後整整哭了兩天才跟我聯絡，一邊聊，一邊還可以跟我開玩笑，問她為什麼還笑得出來，她只是淡淡的回答：「日子

總還是要過下去⋯⋯」，是呀，這就是人生，無論變成怎麼樣，日子總還是要過下去呀⋯⋯。

和銀行打交道的怪異現象

之前有網友很熱心的提醒我跟銀行打交道的時候說：「法律人士，就應該用法律手段解決問題，而不是流於情緒……」雖然很想感謝這位網友的提醒，不過對於銀行，有很多的奇怪的狀況是只有親身經歷才會知道的。

死也不跟律師聯絡

早些年在與銀行協商時，大部分的銀行都拒絕與律師接觸，縱使律師都已經提出委任狀證明當事人（債務人）已經委託律師代理當事人來跟銀行協商了，銀行還是一樣拒絕跟律師聯絡，可是銀行也沒辦法阻止律師去電，所以就變成一個很奇妙的情形：

律師先打電話給銀行，銀行承辦人通常會要求跟當事人確認是不是真的有委任這個律師，就算律師已經傳真委任狀給銀行也一樣，所以會先要求掛上電話，打給當事人，等當事人確認之後，再請律師打給銀行。

律師打去時，可能先提出一個協商的條件，然後銀行承辦人

就說要先請示上級後再回覆，而在承辦人要回覆的時候，不會打給律師，而是打給當事人，當事人再跟律師講，然後律師再打給銀行，再來可能又有事情需要查詢，就再等承辦人回覆，然後承辦人又回電話給當事人，然後當事人再跟律師講……，如此無限循環。

這樣的情形持續了非常久，律師公會也曾發函給金管會，金管會也發函給各銀行要求各銀行在確認律師確實有受委任後（提出委任狀），應該由律師代理當事人跟銀行聯繫，不過很多銀行還是一樣不甩金管會的函，依然故我。

有人說應該用法律手段，我很想問是要什麼法律手段？提告？要告什麼？投訴？上面不是都說已經發函給金管會了，還能跟誰投訴？就算真的可以提告，等到打完官司，都不知道過多久了！近年來雖然銀行已經改善很多，不過偶爾還是會遇到不配合的承辦人，執意要與當事人聯絡，所以後來我都不願意跟銀行講當事人的電話，免得銀行又堅持要跟當事人聯絡。

有人會覺得奇怪，為什麼銀行一定要跟當事人聯絡？很大一部分原因是因為律師不好搞，很容易抓到他們違法或是要偷占當事人便宜的行為，我就遇過幾次銀行偷偷跟當事人聯絡，講好條件，要當事人快點跟他們簽約的情形，幸好當事人大都會跟我講，才能及時阻止這些事情發生。

如果當事人也沒跟律師講的話，常常不小心就會掉進銀行的

話術裡而不自知，這種情形通常是承辦人不希望「被更生」，就提供一個看起來優惠的條件給當事人，讓當事人個別跟他們簽約，這樣銀行可以拿回比較多的欠款，但是對於當事人而言，如果更生通過的話，等於是額外多付出這筆原本不用付的欠款。

可以分期卻不可以一次還款？

在更生前的協商或調解程序原則上就是讓債務人跟最大債權銀行好好協商，因為只需要跟一家銀行（最大債權銀行）談，只要這家銀行同意了，就等同所有的銀行都同意了，所以事情會相對簡單很多，如果談得攏的話，就直接協商或調解掉就好了，快速結案，讚！

不過很神奇的是有不少銀行的承辦人在進入更生前的前置調解程序時，願意提供分期付款的還款方案（還可以到一百八十期），卻拒絕債務人一次清償債務，我第一次遇到的時候非常傻眼，還當場問銀行承辦人為什麼不可以一次清償，他們說是法律規定不可以，我當場拿出法條請他翻出來說是哪條規定說不可以，承辦人又說不出來，這也是毫不意外，因為根本沒有這種規定。

接著銀行承辦人又推說是銀行規定，我一火大就請他確認是

不是真的是銀行規定，如果是的話，我要去跟律師公會相關的委員會報告（我目前是台北律師公會的債務清理委員會的委員），建議律師公會發函金管會詢問是依據哪一條規定，結果承辦人就趕快打電話回去請示主管，才心不甘情不願的同意一次清償的提議（雖然後來金額談不攏還是流局）。

一直到現在，我還是無法理解到底為啥要拒絕一次清償，不過這似乎也不是個案，因為我陸陸續續又遇到了幾次類似的情形，也只能把它視為是一個銀行的不可解之謎處理了……。

協商不簽協議書

其實一般所謂的協商就是和解，銀行同意債務人可以少還一點，債務人則同意確實還款，是一個各讓一步的和解契約。

銀行做什麼事都會要求書面、書面、書面，可是很神奇的是在與當事人個別協商的時候，有很多銀行（可能是大部分的銀行），也包括部分的資產管理公司都不願意好好的跟債務人簽一份和解書或是協議書。

一開始我懷疑資產管理公司想搞鬼，不過後來發現銀行的情形也差不多，有的是只有繳款後才提供清償證明書，最多是去銀行還錢的時候，銀行會讓債務人填一張申請書，然後影印一份給

債務人帶回去，可是這張申請書上面根本沒有銀行的任何印章，也沒辦法證明銀行同意債務人可以少還一點。

有的銀行或資產管理公司則是會傳真一張同意書，上面載明銀行或資產管理公司同意債務人用這個金額清償債務，雖然內容沒問題，不過還是一樣不肯提供正本給債務人，真的要搞鬼，還是可以說這張是債務人自己偽造的。

我多次要求銀行或資產管理公司應該要提供一張證明給債務人，證明銀行同意債務人可以少還一點，不然等債務人繳款後，要是銀行或資產管理公司事後不認帳，債務人豈不是賠了夫人又折兵？雖然說這些也是債務人本來就該還的錢，或是本來就該付的利息、違約金，不過債務人很可能是跟其他親友借來還錢的，目的就是不要再繼續算利息，如果銀行或資產管理公司不認帳，利息不但會繼續累積，債務還增加了！

不過銀行跟資產管理公司倒是鐵了心，無論怎麼溝通都無效，甚至有的還嗆說不然就算了，寧可拿不到錢，也不願意發個證明給債務人，讓我始終不了解銀行到底為啥要這樣做……，有的人可能會覺得是不是可以採取什麼法律手段來對付銀行，只是並不是什麼問題都可以透過法律手段來解決的，像這種情形，真的遇到也是無可奈何（其實不是沒有辦法，不過你會想要花個一年半載打個官司，只為了去取得一份可以這樣清償的證明嗎？）。

卡債Q&A

自從我一篇卡債的文章在網路上流傳之後,已經不知道有多少卡奴找到我的粉專來問卡債的問題了,最常被問的問題大概就是下面這些,這裡乾脆先回答想要來問問題的人:

❶ 我以前才借了三十萬,怎麼現在要我還一百萬?

➜ 以前的信用卡、現金卡的利率都是接近 20%,五年翻一倍,十年就差不多近百萬了,很正常。

❷ 更生每個月要還多少錢啊?我欠了五百萬,就算更生,我還是還不出錢來吧?

➜ 更生後還款的金額是看債務人的還債能力,跟欠多少錢沒有關係,每個月的收入減掉必要支出之後,剩下的才是每個月要還的錢。

❸ 朋友都說他去協商都可以打折打到骨折,我也可以骨折嗎?

➜ 骨折要去看醫生。協商可以降到多少,主要是看銀行

或資產管理公司的承辦人跟他的主管，還有債務人個別的情形不同（人家要養爸媽加三個小孩，你有嗎？人家身心障礙，你有嗎？），可以談到的條件也不同，很難要求銀行或資產管理公司比照別人的條件辦理。

❹ 更生要多久啊？

→ 跟前面的問題一樣，要看個案情形，如果單純的就很快，十個月就辦完了，如果複雜的，我曾經辦過一件快五年的，聽說有人更久，不過通常是一年至一年半左右可以結案，清算的話會比較久，通常是快兩年甚至更久才會結案。

❺ 我現在退休了，都靠退休金過活，連退休金都要給我扣走，我不要活了啦！

→ 都退休了，不要這麼激動，動不動就不要活了，那連退休金都沒得領的人要怎麼辦？可以向勞保局申請指定專戶，以後退休金都匯入專戶，法院也不能扣這個專戶喔！

#車禍

親朋好友的意見怎麼都跟
判決不一樣？

　　車禍案件佔法律諮詢案件的大宗，就算平常你開車小心，也不能擔保別人不會撞到你，曾經有朋友得意洋洋的跟我說他平常開車都很小心，所以不會發生車禍，沒想到講完還不到一年，就聽到他走在行人穿越道上被闖紅燈的小客車撞到的消息，做人真的不能鐵齒呀。

　　可能就是車禍案件很多，因此在當事人自己發生車禍的時候，通常身邊都會有一些有經驗的親朋好友提供很多意見，像是這種情形算不算過失啦，或是什麼錢應不應該賠啦！大家也都是出於好心，因此在發生車禍的時候，就會有很多的資訊湧入，不過其實因為肇事原因不同，常常結果也不同，如果相信親友提供的建議的話，就容易被誤導，等看到判決，就好像被法官「突襲」一樣。

　　最常聽到被突襲的情形就是「折舊」。很多人，應該說大部分的人會覺得如果車禍，肇事的人就應該把車子修好，反正就是車廠要修多少錢，肇事的人就要賠多少錢。

　　其實本來法院的想法也是這樣的，不過依照近期多數法官

的見解，只要是修車，就會被分成兩個部分的費用，一個是材料費，一個是工資，維修人員的工資當然是車廠要多少就賠多少，不過材料的部分則會看車子的新舊來計算折舊，通常過了五年的車，車的價值大概就剩不到 1/5，當然，零件的價值也就剩不到 1/5，所以雖然車廠裝的是新的零件，報價也是新零件的報價，但是法院判賠的材料費就會依照折舊年限判賠不到報價的 1/5。

我之前處理過一件車禍案件，當事人開車在高速公路上被後面的客運追撞，想說客運有投保第三人責任保險，就請保險公司的人員一起去修車廠估價，修了二十五萬多，還被保險公司刪了三、四萬的修車費，當事人為了讓事情快點結束，也就同意被刪除的部分就自己負擔，沒想到後續保險公司卻說客運公司不願意出險，所以只能打官司。最後就是依照折舊的公式，僅僅判賠七萬多元，搞得我得一直跟當事人解釋為什麼修車廠要價二十五萬而法官卻只有判賠七萬多，絕對不是法官拿了對方的錢……。

受傷的人最大！以刑逼民？

　　車禍案件當中另一個常常嚇到當事人的情形就是「過失傷害」。當車禍有人受傷時，就會讓受傷的人多了一項談判的武器「以刑逼民」。

　　律師界有個說法是案件會自己找律師，律師有時候可能從來沒接過某種案件，卻在某一段時間一下子接到兩、三件同類型的案件，所以我在有段時期一直接到車禍案件的時候，腦海就一直浮現這句話。

　　車禍案件其實常常就是看鑑定報告，反正鑑定報告說你有過失，你想要脫身也難，鑑定報告說你沒過失，法官要判你賠錢也不容易，因此大致上鑑定報告出來之後，通常就只剩下要賠多少的問題而已。

　　老方的案件就是這樣，一台機車從巷子高速衝出，老方開車反應不及撞上，老方車速不快，自己沒事，只有引擎蓋凹了一處，後來修了五千多元。機車騎士則是被撞到，身上挫傷，機車不知怎麼的修了一萬多。

　　鑑定報告出來，機車騎士未禮讓幹道車輛（肇事主因）、超

速（次因），老方未注意車前狀況（次因），各都有肇事責任，本來老方想說算了，就各自修理就好了，沒想到機車騎士獅子大開口，不僅不賠償，還要老方賠二十萬元。老方氣到跟對方打官司，結果對方跑去提告老方過失傷害罪。老方來找我的時候，還在會議室裡大罵對方死不要臉，明明就是主要肇事者，還有臉跟他討賠償。

不過法律規定就是這樣，一碼歸一碼，就算在民事賠償上，老方過失小，錯的少，需要賠償的錢也少，但是在刑事方面，哪怕他只有 1% 的過失，只要造成對方受傷，那就是一個實實在在的「過失傷害罪」，如果不想要有前科的話，那就只好在和解時讓步。

老方就是這樣，在我跟他說明利害關係後，為了不想有前科，就只好勉強同意賠償，在和我對方周旋多次後，老方賠了六萬六千元，對方撤告，然後我足足聽老方抱怨了兩個多月……。

肇事者不聞不問？家屬痛批冷血

　　車禍案件最常聽到當事人講的話就是：「從發生車禍後之後，對方都不聞不問，一點誠意也沒有。」好像只要發生車禍，肇事者就一定不關心對方的傷勢，其實這是有個盲點的。

　　究竟要幾天打一次電話或是幾天去探望受害人一次才算是「關心」受害人？三天一次？每天一次？我有遇過肇事者三天打一次電話關心的，還是被受害人說不聞不問沒誠意（當時我親眼確認通話紀錄，確實是兩、三天打一次電話）。也有遇過一個月才打個兩次電話，就被受害人說是騷擾的（您有事嗎？），到底肇事者要怎麼樣關心才算是受害人認為的關心？

　　當事人小楊因為開車時不小心撞到一位走在路上的老太太，他當然知道自己有錯，不過心想自己除了強制責任險、乙式車險外，也投保了任意責任險，因此就全權交給保險公司。通常肇事的人如果有投保任意責任險，就會先跟保險公司詢問要怎麼處理，通常保險公司也是會說就交給他們處理，所以肇事者常常就覺得自己可以不用管了，然後就去忙自己的事了。

　　小楊的情形也是一樣，保險公司說後續就交給他們跟受害人

協調就可以了，所以他也就沒再繼續追蹤後續處理到什麼程度，而保險公司的理賠人員也是公事公辦，程序走到哪裡，就做到哪裡，不太帶感情，也不太帶歉意（廢話，又不是理賠人員撞她的）。

而那位老太太受害人呢，因為身心受創，感覺當然不好，而她的子女看在眼裡，自然更是不爽。本來受害人和家屬面對肇事者，多半是嚴格檢視，總認為肇事者就是應該要三不五時的關心傷勢才算是有誠意，可是保險公司的理賠人員自然不會做這些事，而小楊又以為保險公司都會處理好，所以打電話跟老太太說保險公司會處理之後就沒再與老太太聯絡，於是老太太的子女們的火氣就上來了，再加上跟理賠人員討論賠償金額的時候，提出的金額又跟家屬的期待有落差，於是一怒之下就告上法院。

完全不知情的小楊突然接到地檢署的開庭通知，自然是一頭霧水，等到聯絡老太太的時候，又是冷言冷語，又是咆哮怒罵，這才知道原來是保險公司理賠人員的態度問題。

於是我只好先幫小楊聯絡老太太的子女，聽他們暴罵好幾頓之後，才能開始跟他們協商和解的事，後來把保險公司的理賠人員找出來一起談和解的時候，理賠人員還是一樣公事公辦的冰冷表情，反觀我跟小楊不停的賠不是，好說歹說的才讓老太太簽了和解書，也撤回了刑事的過失傷害告訴。

其實這就是人性，對於小楊而言，他會覺得「我都有保險

了，就交給保險公司處理就好了呀」，可是保險公司的理賠人員很可能會覺得：「保險公司處理的不就是只有理賠的部分，我管你被害人開不開心，如果對方要求過高，那就法院判就好了，反正被抓去關的又不是我。」

　　而老太太跟他的子女可能是覺得：「撞到我的是小楊，我就是要他負責呀，保險公司與我何干，小楊都不聞不問，沒有誠意，告死他！」

　　立場不同，看事情的角度就不同，你說小楊沒有誠意嗎？他都請保險公司理賠了，又怎麼會沒有誠意？被害人在意的真的是三不五時的噓寒問暖嗎？只要不是肇事者態度太惡劣，通常被害人講的沒有誠意大都不是「不聞不問」，而是覺得賠的不夠，不然也很少有聽到賠的金額被害人滿意，就只是因為沒有噓寒問暖而提告的，不是嗎？說穿了，所謂的誠意，其實本質上就是錢的問題呀。

車禍Q&A

　　這裡特別列了一些可以說是被問到爛的問題，讓大家看一下是不是以前也問過XD：

❶ 被對方撞的話，可以要求對方賠什麼？

→ 一般來說只要是因為車禍所造成的損失都可以請求對方賠償，比較常見的賠償有下面這些：醫藥費、看護費、申請診斷書的費用、就醫的交通費、工資的損失、精神慰撫金、勞動力減損的損失。如果不小心把人給撞死了，還要賠償這個人本來要負擔的扶養別人的費用喔！

❷ 明明是對方的錯，他怎麼可以告我？

→ 過失傷害罪的判斷標準是只要有過失，無論多少，都會構成過失傷害罪，也就是說就算對方違規違了十幾條，只要你也有違規，就算是一條很小、很不重要的交通規則，那很抱歉，這可能就會讓你揹上一個過失傷害罪的罪名，那就可以告你了。

❸ 我是被載的，我的損失要找誰要呀？

→ 看誰錯就找誰要呀，就算是載你的人，只要他有過失，那就找他賠償就對了！只是你可能就失去了一個願意載你的朋友……。

❹ 大車撞小車就一定是大車的錯？

→ 才不是這樣，還是要看是誰造成的呀！不是誰的車小誰就說話大聲啦！

原來是心理諮商師啊

在律師執業的生涯裡面，最常遇到的應該就是車禍、家事跟借錢的案件了吧，如果律師沒有被問過這三種案件，那這個律師就可能是假的……XD。而且就算沒處理過，只要是法律系畢業的學生，也幾乎都被問過這三種類型的法律問題：

「法老王啊，我前天開車在路上被人家撞了，我可以跟他要我不能工作的損失嗎？」

「法老王，要怎麼離婚？」

「法老王，我朋友跟我借錢不還，我該怎麼辦？」

「法老王，我女友太多怎麼辦？」（去死啦，關我屁事！）

前面這三種案件絕對是日常被詢問的法律問題的最大宗，無庸置疑！

這也難怪，大部分的人一輩子都不會犯罪（被抓到），不過有一大半人會遇到這三種案件的其中一種，就算自己沒遇到，自己身邊親近的人也會遇到，難得遇到律師，就幫自己或親友問一下，難怪這三種案件會是最常遇到的三種類型。

說起家事案件，肯定是在所有的案件類型裡面最麻煩的一

種，因為雖然說律師在處理案件時，大約有 1/3 的時間是在安撫當事人的情緒，但是在家事案件裡，則會擴大到大約有 2/3 的時間是在處理當事人的情緒，從老公對她有多差勁，到爸爸分財產如何的不公平，每一個家事案件的背後常常都有一個讓人不愉快的故事。

為爭遺產，妻子被控偽造文書侵占

　　除了前面提到的跟婚姻有關的案件外，常常在我面前上演的還有爭奪遺產的案件，像長榮集團創辦人張榮發死後，留下龐大的遺產給後代，本來留遺產的目的是希望子孫不用這麼辛苦的工作就可以過上不錯的生活，殊不知愈多的財產反而帶來愈多的爭吵與糾紛。

　　林小姐自從前夫過世後，因為得到離婚多年的趙先生的幫忙，日久生情，最後兩人變成情侶關係，雖是說情侶，但因為他們各自於前段婚姻生的小孩也都早已成年，與其說是情侶，倒不如說是一起作伴生活。

　　趙先生跟前妻生有一個二十多歲的獨生女，都已經成年了，不過因為趙先生跟前妻一直處不好，離婚後想要看小孩，前妻也一直百般阻撓不給看，他一直有個遺憾，就是跟女兒不親，不知道實情的女兒也以為爸爸不愛她而心生不滿，對於從小就失去父親關愛這件事情耿耿於懷。

　　林小姐覺得自己可能不是一個稱職的後媽，所以一直很抗拒趙先生屢次提起要結婚的提議，一直到趙先生知道自己不久人世

的時候，考慮到女兒對他的怨懟，怕死後祖先沒人祭拜，就堅持要登記結婚，林小姐重情重義，不想他臨死時前還掛念，才勉為其難的同意。結婚登記後過了幾天趙先生就過世了，然後就爆炸了。

趙先生一死，他的女兒就馬上控告林小姐侵占趙先生的財產，說婚姻是假的，甚至還說是她偽造文書去辦理土地過戶登記，結果發現根本烏龍一場，最後不起訴收場。

再來是林小姐向趙先生的女兒表示之前有借錢給他，還有借據，沒想到趙先生的女兒打死不認，最後林小姐只好提告，在法庭上趙先生的女兒更是全盤否認，問他們什麼都說「沒有」、「不知道」、「不清楚」，連借據都說是假的，就被我一樣一樣的打臉，每個否認都是把證據丟到面前才勉為其難的承認，最後法官也不耐煩的問他們說證據都在面前為什麼還要否認？趙先生的女兒就突然在法庭上爆氣，指著林小姐說都是因為她的關係，所以趙先生才沒有跟她媽媽復合，也都是因為林小姐的關係，趙先生才會對她疏於照顧，所以她恨死林小姐了，講著講著就掉下了眼淚。

林小姐激動的說她也知道趙先生的女兒不喜歡她，所以從一開始就不想要跟趙先生結婚，如果不是趙先生堅持，她根本也不會同意登記結婚。而且如果不是這些錢是屬於她跟前夫所共有的財產，以後應該要還給她跟前夫生的小孩，她也不想跟趙先生的女兒打官司，一邊說著一邊也紅了眼眶。

這個時候趙家的律師還想從我提出的證據裡找漏洞來反駁，我只是靜靜的等雙方當事人的情緒發洩完，因為我知道已經勝券在握，不需要再去挑動當事人的情緒。

　　當趙家的律師好不容易找到一個他自以為是的漏洞想要反擊時，我遞出林小姐的手機，裡面正在播放趙先生生前交代遺言的影片，清楚的承認欠林小姐錢，影片中還出現趙先生女兒的聲音。法官看完後，瞧了趙家律師一眼，問說還有什麼要說的嗎？對方律師萬萬沒想到還有這段影片，顯然是還在驚嚇中，一時反應不過來，只能望向趙家女兒，她咬了咬嘴唇，搖搖頭表示沒有要說的了。

　　後來當然是林小姐獲得了勝訴，只是趙家女兒還是不願善罷甘休，女兒不斷的為反對而反對的大唱反調，只能說，雖然律師可以幫忙打贏官司，但是卻打不贏仇恨的心。

家族悲歌！為爭遺產洗腦父親

石家是當地的大家族，子孫眾多，土地、房子也很多，所以每個家族成員總會從上一輩那裡分到幾間房子。本來石家祖先辛勤賺錢置產，就是希望子子孫孫有好日子過，不過這對於石家當中的某對父子來說可能就不是這麼回事。

石爸爸已年過八十，大概怕日後子孫爭產，所以早在五六年前就已經開始把名下的房子分給孩子們，石家算是比較傳統的家族，不免有重男輕女的觀念，所以家族的女兒們幾乎沒分到什麼財產。但在幾年前石媽媽過世的時候，未出嫁的女兒就沒這麼容易打發，堅持自己有繼承權，硬是分到一間房子，不過這是她法律上的權利，旁人除了背後講她壞話，倒也不能怎麼樣。

石大哥因為是長子，石爸爸很早就開始把房子轉到他的名下，等到石小弟成年之後，石爸爸也慢慢的把一些房產過戶到他名下。不過因為每間房子的價值不同，很難分的公平，尤其是因為分到後來，已經沒有高價的房子，所以石小弟拿到的都是價值比較低或坪數比較少的房子；加上一開始最有價值的房子都被石大哥分走，所以石小弟難免會有一點小抗議。

石爸爸一來或許是因為心裡內疚，二來因為石媽媽過世時，石大哥因為宗教信仰的關係，堅持不祭拜，引起石爸爸很大的不滿，因此就將剩下的房產都過戶給石小弟，還給了他五百萬的現金。

　　本來事情應該到這邊就結束了，沒想到後來石小妹聽到這個消息，就吵著也要分，不過因為石爸爸名下都沒有房產了，石小妹就開始洗腦石爸爸，說是石小弟騙他，才讓他把房產跟錢都送給石小弟，還幫石爸爸找了律師，幫他提告。不過可能捨不得出律師費，所以就跟律師談好讓律師抽成，要回來的愈多，律師可以拿到的報酬就愈高。

　　這個律師可能為了降低成本，所以一開始先提了比較便宜的調解，只要調解成功就不用花太多錢，開調解庭的時候，還直接要石小弟拿個兩百萬出來就算了。可是石小弟覺得這些財產都是爸爸自願給他的，怎麼可以拿回去，而且算下來其實石大哥拿得還比較多，為什麼不是叫他還，卻是叫分比較少的石小弟要把到手的財產吐回去，自然就不肯。

　　依照一般情形，接下來應該是就提起民事訴訟，不過因為民事訴訟要裁判費，律師捨不得裁判費，於是改提了刑事訴訟，提告石小弟詐欺，還順便利用石小弟在被告之後回家找石爸爸理論，跟石爸爸起了點衝突的時機，趁機聲請保護令，石小弟一下子被打得有點昏了，只好也找律師來應戰。

石爸爸的律師看到我出現，也有點意外，本來是想要唬一下石小弟，拿個一、兩百萬結案，輕鬆寫意，沒想到石小弟會委任律師，這下自然很難唬得過。

一開始他可能還是有點輕敵，只有在被檢察官逼急了的時候才拿出一點點證據，想說混水摸魚說不定就起訴了。結果檢察官還算精明，抓到石爸爸的律師根本沒有提出任何具體的證據，提出來的東西都是自己的揣測，在法庭上把石爸爸的律師狠狠電翻，石爸爸的律師接著亂槍打鳥，把受理石爸爸提款的銀行櫃員、辦理不動產過戶的代書，甚至是辦理公證的公證人都傳來當證人，不過所有的證人都沒有說出對石爸爸有利的證詞，有的甚至還在庭上狠狠打臉，石爸爸律師看情形不對，就另外提出**自訴**，免得被檢察官不起訴處分。

> 跟檢察官提告後，還是可以自己提起自訴，自訴後就會直接交給法官審理，但是檢察官就不再介入，完全由自訴人自己蒐集資料、進行訴訟上的攻防。

不過捏造出來的事情，沒有證據就是沒有證據，就算提自訴也一樣生不出證據，因此法官很快就看破對方律師的手腳，一直逼他提出相關的證據，可是他還是完全提不出任何有利的證據來證明石小弟有什麼詐騙的行為。

在訴訟的後期，可能是石大哥看到有利有圖（只要石小弟的財產被拿回去，等到石爸爸百年之後，石大哥就又可以分到一部分），於是也開始站在石爸爸這邊，還準

備要出庭幫石爸爸說話，只可惜法官也不是笨蛋，知道石大哥跟這個案子一點關係也沒有，死也不傳石大哥跟石小妹出庭作證，最後就在證據一面倒的狀況之下，石小弟順利的拿到無罪判決。

至於保護令的部分，雖然一開始法院有核發保護令，不過在石小弟跟我努力下，也被撤銷，石爸爸不服再提抗告，結果還是被法院駁回。

不過訴訟可以透過判決來確定結案，家人間的親情又要怎麼結案呢？有時想想，留財產給子女，原本的用意是為了他們好，最後卻反而造成他們手足失和，輕則老死不相往來，重則爭的你死我活，是好是壞，也真的說不清呀。

孝女的戰爭

劉大姐跟劉小弟是我的當事人，是因為被劉小妹提告才來法院的。起因是這樣的，劉媽媽已經開始有腦部退化、許多事情想不起來的狀況，最起初是由大姐、大哥及小弟在照顧，小妹因為已經結婚生子，且住在台中，因而在照顧媽媽這件事情上很使不上力。

劉大姐是個很有責任感的人，照顧媽媽也沒有太多抱怨。不過大哥後來因為欠債而跑路，把照顧媽媽的責任直接丟給大姐，又因為小弟個性憨直，所以等於大姐一肩擔起照顧媽媽的責任。

劉大姐跟小妹向來八字不合，常常講沒兩句話就吵起來，小弟又沒辦法處理，以往還有大哥居中潤滑，現在大哥離家，姊妹倆吵得就更兇了。後來在一次衝突中，劉小妹覺得其他手足把媽媽照顧的不好，劉大姐一怒之下就說：「妳這麼厲害不然妳來照顧好了。」然後妹妹就把媽媽接走了。

因為劉大姐也照顧媽媽好些年了，對於這件事除了擔心小妹沒把媽媽照顧好之外，覺得小妹這幾年都沒盡點照顧的義務，理所當然該換她照顧媽媽了。而小妹照顧媽媽也沒什麼問題，有時

還會帶媽媽去她上班的地方，讓媽媽有點事情可以做，看能不能延緩退化的狀況，從很多地方也看得出來妹妹照顧媽媽的用心。

本來這樣倒也無事，不過就在小妹把媽媽接走一、兩年後，在家族的Line群組裡又跟大姐槓上，一怒之下就上法院提告，要求其他手足要一起分擔媽媽的扶養費。

大姐看了起訴狀之後大怒，在Line群組裡直接詛譙小妹，小妹不甘示弱的反擊。吵完後小妹又上警局提告大姐公然侮辱，然後大姐知道又被告了之後，也反告小妹公然侮辱。然後大姐就又把媽媽接回來照顧，免得小妹一直跟她要錢，不過小妹還是堅持提告，兩個人愈吵愈烈。

第一審的時候，大哥找不到人，根本無法通知，大姐跟小弟因為搞不清楚狀況，在自己寫的慘不忍睹的「訴狀」中把一大堆不相關的事情都扯在一起，除了在庭上被法官斥責之外，最後還拿到了一份敗訴判決，後來覺得不是辦法，才找到我這裡來。

我先是花了很久的時間看大姐在法庭上的陳述跟「訴狀」，然後試著釐清她的想法，像是她一直說小妹拿走媽媽的錢，卻又跟法官說這是另外要告小妹的，也沒有打算要拿來跟要付的扶養費抵銷（那幹嘛提？）。又或是在「訴狀」上主張一大堆跟案件無關的事情，開庭的時候，法官還得逐一確認大姐到底是想幹嘛。從筆錄上也看得出來，到後來法官也沒什麼耐心了，就依照雙方提出的數字算了個金額，判決大姐跟小弟要給小妹二十來萬。

我概算了一下，發現其實大姐跟小弟在大哥離家後，一起扶養了媽媽好些年，跟後來小妹接回去扶養的時間其實差距不大，而且先前第一審也花了快一年的時間，這段期間都是大姐跟小弟在扶養，所以兩邊可以跟對方請求的扶養費其實沒多少。

　　於是我在答辯狀上表示，雙方付出的扶養費已經差不多了，一方面也跟對方律師表示看能不能用和解的方式處理掉，不然二審判決下來，小妹還是拿不到錢。

　　不過這個小妹也是個狠角色，當她知道如果繼續讓大姐扶養媽媽，她可能都拿不到錢的時候，居然就偷偷跑去大姐家把媽媽接走，大姐知道之後大怒，揚言要告小妹誘拐（誘拐媽媽？）。後來大姐報了警，跟警察一起上門，最後是以媽媽還要在大姐住所附近的醫院回診，健保卡也不在小妹身上為由，小妹才心不甘情不願的讓大姐把媽媽帶走。

　　在之後的調解庭上兩個律師不停的想要居中調停（嚴格說起來是只有我很努力，對方的律師沒來，找了同事來代開庭，同事律師一直想快點談不成，再約下次調解，把燙手山芋丟回給原來的律師），曉以大義的分析利害關係，在調解委員的促成下（事實上這個調解委員 90% 的時間都不在現場，都在忙其他的案件，幾乎都是我在協調，最後調解委員還很得意的說他今天一個上午就調解成功四件），終於讓雙方當事人都同意調解。

　　簽完調解筆錄後，我以為總算是幫當事人解決了，沒想到幾

個月後，當事人又跟我說她跟小妹又因為媽媽的事情在Line群組裡吵起來，說要再委任我去告她小妹，看來兩個孝女的戰爭還沒打完……。

吃相難看！手足鬩牆全因遺產

　　之前曾經接過一個案件，是兩個長年居住在美國的姊妹控告大哥侵占爸媽的遺產。說起來這個大哥也是夠冤的，當年大哥和兩姊妹都被爸媽送去美國唸書，後來就都留在美國工作，小妹因為從小智能不足，因此就留在台灣，兩老也就留在台灣照顧小妹，本來兩老相依為命一起照顧智能不足的小妹，後來年紀大了，體力也不如從前，就把小妹送到相關的機構照顧。

　　因為爸媽以前存下來的財產不少，經濟狀況還不錯，因此也還負擔得起三個人的生活開支，不過就在媽媽死後，家裡就剩下爸爸一個人，再加上還需要被照顧的小妹，大哥又剛好有機會被公司外派回台灣，因此就決定全家搬回台灣，讓大嫂照顧爸爸，打理生活起居，也順便幫忙照顧小妹。大哥還有一個兒子，小孫子雖然還在美國唸書，不過因為爸媽在台灣，所以放長假時也會回台灣，有小孫子的陪伴，爸爸自然是開心的不得了。

　　這種故事情節在現實生活上常常發生，爸爸有大哥一家的陪伴自然是跟大哥的感情比較好，加上其他姊妹一年回台灣不到兩次，就算回來也是來去匆匆，有時甚至沒有讓爸爸知道他們回來

台灣。子女的付出、表現，爸爸看在眼裡，因為手上還有不少的財產，為了感念大哥的孝心，就時不時的送錢、送房子、禮物給大哥，有時孫子長時間沒有回台，覺得是捨不得機票錢，還包了紅包給孫子，讓他可以常常回台陪伴長輩。爸爸擔心小妹以後沒人照顧，還立了遺囑，把遺產的一大半都分給小妹，並且指定大哥為小妹以後的監護人（其實這樣的指定是沒有法律效力的），後來大哥甚至還為了多一點時間陪爸爸，就把原來的工作辭掉，回台灣公司上班，免去了台美兩地的奔波。

爸爸生前，大妹回台時就會纏著爸爸要他把財產分一分，爸爸不肯，她還會跟爸爸吵架，每次都把爸爸氣得半死，而二妹也是時不時的就會建議爸爸把財產先分一分，這樣比較可以避稅，不過爸爸可能是因為沒有安全感，怎麼樣也不肯先分配財產。

不過就在爸爸過世後，整個家族就爆炸了，大哥想要跟大家討論要依照爸爸的意思分配遺產，大妹覺得遺產怎麼會這麼少，「只有」近五百萬元，一定是大哥侵吞了爸爸的遺產。

無論大哥怎麼解釋都沒有用，眼看就要被罰錢了，只好向法院訴請分割遺產，怕法院的開庭通知送達不到，大哥還私下通知妹妹們，想說在法官面前好好談，就算談不成，就讓法官判決，也好過拖著不處理。

沒想到第一次開庭就在法官面前吵了起來，一邊說大哥侵占遺產，一邊說妹妹們不孝順都沒回台看爸爸，兩邊就你一言我一

語的，最後法官只好另訂庭期再開庭。結果過一陣子，大哥就收到妹妹控告他侵占罪的地檢署傳票。

在法庭上大哥不斷的無奈表示（每個案件都要講一次），媽媽過世後，他覺得不忍心就回台灣照顧，中間也常叫妹妹要常回來看爸爸，可是他們都表示自己有家庭要照顧，就把照顧爸爸的責任都丟給大哥一家，爸爸自然最疼這個願意回台灣陪伴的孩子，鄰居都也看在眼裡，常常誇大哥孝順，爸爸因此願意送東西或錢給大哥一家，也不是什麼奇怪的事。

而妹妹則是透過律師不斷的質疑這、懷疑那，一會兒說遺囑是假的，一會兒說爸爸沒有送錢給大哥，是大哥自己去銀行盜領的，還說大哥想當小妹的監護人完全是為了貪圖小妹拿到的遺產，最後還跟法官說大哥回台根本不是因為要盡孝，而是在美國混不下去了，才逃回台灣，總之什麼傷人的話都說得出口。

不過在陸續提出相關的證據後，就發現是爸爸自己去銀行辦理轉帳，把錢轉給大哥，也是爸爸找代書辦理房子過戶，遺囑也是真的，療養機構也說小妹的所有事務都是大哥跟大嫂在處理，更別說大嫂因為有記帳的習慣，從回台後的所有開銷都有詳細的紀錄下來，跟爸爸的財產比對之下，完全符合大哥的說法，最後除了遺產按照爸爸的遺囑分配之外，姊姊跟弟弟的所有控訴也都被法官駁回，算是還哥哥一個清白。

這類的案件在台灣屢見不鮮，爸媽年輕努力工作賺錢把小孩

送出國，結果小孩就留在國外不回來。或是子女眾多，願意陪伴父母的卻只有一、二個，父母感念他們的陪伴，想多分一點財產給他們的時候，其他子女就會跳出來抗議，父母需要人照顧的時候躲得不見人影，說要忙工作、忙小孩、忙家庭，就是沒時間忙父母，願意照顧父母的子女就倒楣，除了要出錢出力之外，沒照顧好還要被指責，照顧好還要被懷疑侵占父母的財產。之前有個類似案件的法官就語重心長的說：你們把照顧爸媽的責任丟給他，然後爸媽死後就跑出來爭產，連爸媽生前的贈與都要說成是詐欺、是侵占，你們真的覺得你們爸媽看到這樣會開心嗎？

官司打完了，就結案了，那親情呢？打完官司後，還可以恢復嗎？

人渣不是病，渣起來要人命

　　以前總以為渣男只會出現在新聞跟灑狗血的偶像劇裡，直到處理這對夫妻的離婚案件，我才知道男人要渣，是可以超出想像的。

　　之前接了一個案件，是老公要訴請離婚，然後是老婆來找我的。

　　張先生張太太結婚二十多年，小孩也都長大成年要結婚了，看似幸福美滿的婚姻，其實是張太太的無間地獄。婚姻過程中張先生外遇不斷，因為是職業軍人，而且駐地在外島，所以三、四個月才能回家十天，聚少離多不在家，只能把小孩丟給老婆養，而張太太除了小孩之外，也得一併照顧同住的公婆。不過因為愛，所以願意忍受，願意付出，總想著如果老公退伍後，或許生活就會再幸福一點。

　　張先生退伍之後，雖然有退休俸可以領，不過閒不住的他又跑去民間企業工作，因為要出差，也常常三天兩頭不回家。這樣也就罷了，因為不再受到軍隊的束縛，張先生居然開始在外頭養小三，一次又一次的外遇，讓張太太心力交瘁，而他卻還因為跟

小三糾纏不清,讓小三大半夜打電話到家裡來鬧。不過就像是播到爛掉的狗血劇情,張太太始終還是對老公不離不棄。

雖然張太太一往情深,卻難挽回老公的心。張先生除了不斷的外遇,甚至還直接搬到外面去跟小三同居,把老婆一個人丟在家。後來因為小三的施壓,開始吵著要離婚,張太太不肯,就要把她趕出家門,張太太百般容忍,不願搬出這個屬於兩人共同的家,張先生最後居然直接把房子賣了,逼得她不得不搬回娘家住。

更惡劣的是,張先生居然還跑去向法院訴請離婚,理由是兩個人分居兩年,完全沒有互動,還說老婆外遇,所以他要離婚。事實上是老公跑去跟小三住,死都不理老婆,連女兒都看不下去寫了一封長信大罵他是渣男。雖然在訴狀上或是在法庭上張先生信誓旦旦的說老婆外遇,不過卻什麼證據都拿不出來(廢話,根本就沒有的事怎麼拿得出證據),不過這些都阻止不了他想要跟小三雙宿雙飛的心。

後來張先生還出奇招,在法庭上說老婆把媽媽的保險金都據為己有,結果發現他說的保險根本沒有申請理賠,自然也沒有所謂的保險金,還一直想誤導法官說老婆不想離婚就是為了錢,死都不離婚就是為了要拿更多的錢才肯離婚。

另一方面,張先生也開始算舊帳,說二十多年前剛結婚的時候感情就不好,是因為有了小孩才匆忙結婚,也沒啥感情基礎,

不過他還是努力維持婚姻，都是老婆不努力經營婚姻，所以現在變成這樣都是老婆的錯。然後賣房子不是為了要趕老婆走，是因為要幫媽媽籌醫藥費，問題是其實他還有另外買一棟房子，為什麼不賣另一棟呢（大概是因為要跟小三住在那裡，所以不能賣）？

幾段長篇大論把張太太講得淚流滿面，也把我講得怒火中燒，在法庭上整個爆氣，一項一項的吐槽回去，愈講還愈生氣，差點連粗話都出來了。

我在法庭上罵完之後，出法庭時怒氣也還沒消，一直在跟張太太罵她老公，罵到她都叫我冷靜點，不要生氣，我都不知道誰才是當事人了……。

其實我也知道這個渣老公這樣講無非是想要逼退老婆，滿嘴胡說八道讓她當庭難堪，下庭之後張太太一邊哭著一邊跟我講說不然就離一離好了。雖然我知道堅持下去，法官還是會站在她這邊，不過看著她在法庭上這樣一直被羞辱，心裡也真的很不忍，就算在法庭上我可以幫她罵回去，問題是這樣的婚姻繼續維持下去還有什麼意思呢？所以我不敢勸，只說等冷靜之後再來討論好了（對，也要等我冷靜之後再來討論，太氣了）。

人生有多難，人就可以有多渣，不當律師，我大概也不會知道人渣起來是沒有極限的。

為報復前夫，洗腦小孩：爸爸是敵人

如果說我以前認為夫妻相處縱使再恨對方，也還是會有一定的情分，不會有人真能把過去的一切都抹去，尤其是兩個人還曾經一起生育小孩，夫妻之間的聯繫應該更為強烈，就算要分開，就算有仇恨，也應該是有限度的。那打醒我的一定是志明的案件。

志明是一個朋友介紹來的，一開始是詢問有關離婚的事，說太太離家出走，現在正在談離婚，然後太太春嬌還對志明請了保護令，原因是春嬌故意激怒志明，然後用事先準備好的手機把兩個人對罵的過程錄了下來，還巧妙的避開了一開始春嬌激怒志明的對話。

因為算是好朋友的家人，我通常是盡量不建議委任律師，主要是贏了就沒事，輸了的話，可能連朋友都當不成，所以只是給點意見就算了。當時也沒想到，自己竟然會被捲進一件不只麻煩而且還很誇張的案件裡。

當朋友跟我說志明的小孩被春嬌帶走的時候，我就感覺到事情可能有點麻煩了，主要是因為在法官的心裡，夫妻兩個怎麼吵

怎麼鬧都是大人的事，但是不能牽連到小孩，一旦牽連到小孩，公權力勢必是要插手的。

志明說春嬌離家後，他們一如往常的讓四歲的小孩去上課，而因為他們都要工作，所以小孩上下課都是志明的媽媽去帶的，直到春嬌離家兩個月左右，學校打電話通知志明說小孩被春嬌帶走了，志明四處找都找不到人，可以說是心急如焚呀！幾天後，志明就收到法院的通知──春嬌向法院聲請離婚了。

小孩被帶走後，志明死命的跟春嬌聯絡，要求她把小孩帶回家，不過春嬌卻是不停的以各種言語刺激志明，一會兒說是小孩不想見他，一會兒又說是因為志明沒辦法照顧好小孩，然後又說志明不配當爸爸，反正就是不願將小孩帶回家裡。

小孩被春嬌抱走之後，志明就對春嬌提告，說她未得志明的同意就抱走小孩，已經構成準略誘罪，沒想到檢察官開了一次庭之後，竟然就直接不起訴了！

志明雖然心有不甘，但是因為一心想見小孩，就轉而向春嬌央求讓他看一看小孩，春嬌的回應則是各種敷衍，最後表示想看小孩就約在派出所，不然她會害怕（如果真的害怕又怎麼會一直挑釁？）。志明為了要見小孩，也不願多想的同意她的要求，可是不管志明哪天想要看小孩，春嬌一定沒空，再不然就是突然說當天晚上的幾點可以讓他看，當志明說時間實在太趕，事情來不及安排，希望可以改到隔天的時候，春嬌就無論怎麼樣都沒空了。

志明唯一一次看到小孩是兩個人約好去派出所跟房東討論租約的事時（為什麼這種事也要約在派出所啦！），春嬌帶小孩去，可是卻都不讓志明跟小孩有任何的肢體或言語上的接觸，春嬌全程都把小孩抱在身上，跟房東的討論一結束，春嬌立刻帶著小孩離開，志明從頭到尾就只有看到小孩的背影，志明連自己看到的是不是自己的小孩都不知道！

　　後來法院同意核發春嬌聲請的保護令，保護令還特別要求志明除了不能騷擾春嬌外，還「不得對春嬌實施身體或精神上不法侵害之行為」。

　　因為違反保護令是有刑事責任的，所以志明也不敢靠近春嬌，不過小孩被抱走這件事對志明的打擊實在太大了，志明從小孩被帶走後，整個人像失了魂一樣，那段時間裡，志明除了上班時間以外都在街上遊蕩，想看看能不能剛好遇到春嬌帶小孩出門，可以看小孩一眼。

　　後來還真的被志明堵到春嬌帶小孩去住處附近的便利商店買東西，於是志明就趁春嬌不注意的時候把小孩帶走，然後在路上發了訊息給春嬌說小孩被他帶走了，請春嬌不要擔心，那時的志明沒想到，接下來的惡夢才要開始。

　　春嬌發現小孩被帶走後，立刻就報警，調出監視器後發現是志明帶走小孩的，就立刻對志明提告違反保護令，主張志明不法

侵害春嬌的權利。照道理講，春嬌抱走小孩，檢察官不起訴，那表示沒有構成犯罪，那志明抱走小孩，也沒有構成犯罪，那自然沒有「不法」侵害春嬌，那檢察官是不是也應該相同處理？

But，人生就是這個But，不知道是法官聯合起來弄志明，還是志明的運氣就是這麼背，沒想到春嬌提告志明違反保護令後，檢察官開庭的時候根本就不太聽志明的說法，而且還很快的就把志明起訴了，然後法官也很快的就作出有罪判決，理由是志明把小孩抱走，讓春嬌精神上感到痛苦，就是對春嬌實施精神上的不法侵害，等一下，這樣是不法侵害？可是明明一模一樣的事情春嬌才獲得不起訴呀！是的，這就是法院有趣的地方，同樣的事情也可以有不同的結果（有時候同一件事情還會有不同的結果喔！），志明就這樣在前科紀錄表上添了一筆。

把小孩抱走這件事還可以說是志明自作自受，只不過事情還沒完，春嬌開始不停的在各個地方挑釁志明，不管是私下用簡訊，或是在公開的臉書上，每隔個幾天就會故意貼出一些刺激志明的文字，明顯就是企圖要激怒志明，只要志明一回嘴，春嬌立刻就說她感到害怕，要再去告志明違反保護令。

至於兩個人正在打的離婚官司，因為兩個人都想要離婚，於是很快的針對離婚的部分達成和解，然後繼續打官司看小孩要跟誰。離婚的案子，如果遇到當事人有小孩，而且兩造已經事實上

分居的話，通常會先跟法院聲請，請法官暫時的把小孩交給其中一方照顧，志明的案子也不例外，春嬌在起訴的時候就已經同時聲請法院把小孩交給她照顧，想當然爾，志明自然是不同意，只好讓法官裁定，志明的地址還是在兩個人以前住的地方，因為志明不能靠近那裡，所以就請人時不時就回去看一下信箱，如果有張貼紅單的話，志明就依紅單的指示去郵局、警局領取信件。

春嬌當然知道這件事，為了要弄志明，於是她就在信箱上貼紙條，說怕信件被盜領，所以請郵局把紅單直接丟入信箱。看到春嬌貼這張紙條時，志明還在笑春嬌無聊，誰會偷她的信件，也沒有理她。沒想到春嬌還跟法院聲請提前開庭，法院在不知情的狀況之下就同意她提前開庭，然後因為志明沒看到紅單，也不知道要去領郵件，自然也不知道要去開庭，法官就做了個暫時處分：在案件確定之前，由春嬌照顧小孩。

被突襲的志明當然不可能善罷甘休，自然是要再上訴（抗告）繼續打下去，不過因為暫時處分的關係，小孩只能先交給春嬌照顧，春嬌領走小孩那天，立刻就在臉書上挑釁志明，又在臉書上曬小孩嘲笑志明無能，又是發訊息冷嘲熱諷，搞得志明氣到快抓狂，那段時間我主要的工作就是一直在安撫志明的情緒，避免他做出什麼事情，反而因此輸掉了官司。

到了第二審之後，我就一直告誡志明說我們就是要穩紮穩打，不管春嬌怎麼挑釁，都不要理會她，只要做好我們該做的事

就好了。不過不知道是第一審輸得莫名其妙被刺激到還是怎麼樣，志明一直不聽勸告跑去看春嬌的臉書，還在自己的臉書上尖銳的回應，一直到某一次他貼了可能會構成誹謗的言論內容後，我忍不住對他發了一頓脾氣，警告他要是再這樣不受控制，案件輸掉就是他的責任！可能志明真的被我嚇到了，後來就乖乖不回應了（或是沒讓我知道？）。

　　不過即使志明不回應，春嬌還是不斷的在自己的臉書上貼一些明顯就是要刺激志明的貼文，你問我怎麼會知道？因為志明會一直截圖給我看……。

　　當時春嬌雖然提出了一份十分精美的「子女教養計畫書」，不過後來卻發現她其實根本就沒照計畫書在做，而且教養方式也是亂七八糟，感覺小孩就是她拿來報復志明的武器，爭取小孩的監護權也不過是她的復仇計畫而已，至於小孩的教養什麼的，她一點也不在意。

　　於是我就要志明自己寫一份計畫書，跟春嬌經過律師修改的計畫書比起來，志明的計畫書實在樸素到不行，不過我就是賭春嬌最後會露出馬腳，所以刻意不幫志明做任何的修正，讓春嬌的計畫書相比之下，更顯突兀。

　　果然後續的發展如我所預料的，在家事調查官到雙方家裡訪查時，發現春嬌的教養方式亂七八糟，還在本來應該是寫得保守中立的調查報告書上大罵春嬌的對於小孩的教育根本一知半解，

並且懷疑春嬌侵占小孩的財產。就這樣，法院根據這份報告把小孩判給志明扶養，不過也一如預期的，春嬌為了讓志明不好過，還是繼續上訴（抗告），還換了律師，並且在網路上大罵前一個律師都不願意盡力幫她，也不照她的意思打官司。

不過在第二審的時候，法官在開庭時直接把春嬌痛罵了一頓，而且還意有所指的提醒她該注意一下家調官的報告內容，可能是她也覺得再打下去也沒法達到她的目的（折磨志明？），而且讓法官判的話，對她可能更不利，加上志明也想盡早讓小孩安定下來，於是在雙方律師強力的協調下，雙方在法院和解，小孩歸志明，直到小學畢業再讓小孩自己選擇想要跟哪一方同住，春嬌則是每個月有兩個週末可以陪小孩。

你以為事情這樣就結束了嗎？那就太小看春嬌了，一直到現在，春嬌還是不停的在陪小孩的時間企圖對小孩洗腦，要小孩把爸爸當敵人，又或是整天發簡訊辱罵或騷擾志明，一會兒說他對小孩洗腦（到底是誰洗腦啊！），一會兒又說志明違反和解條件（到底是誰違反啊！），反正每隔一段時間就會收到志明截圖他與春嬌的訊息對話給我看看到底人可以誇張成什麼樣子……。

誰有錢小孩就給誰？

常常有人說媽媽如果是家庭主婦的話，離婚的時候很難搶到小孩的親權（也就是大部分人所謂的監護權），其實這是錯誤的觀念，因為現在的法官決定小孩的親權的時候，主要考量的是怎麼樣對小孩比較好，包括誰可提供比較好的學習環境，或是比較有時間可以陪小孩，甚至是要是沒空的時候，有沒有親友可以幫忙照顧小孩之類的。

經濟能力已經不是主要判斷的標準，因為法官或者可以說是立法者認為，就算媽媽的經濟能力比較弱，可是扶養小孩的費用本來就是父母要依照自身的經濟狀況來共同負擔的，媽媽賺不到什麼錢，那就叫爸爸多負擔一些就好了呀，自然就比較不會把經濟能力作為主要的判斷標準，反而是陪伴子女的方式才更是法官會考量的因素喔！

不過網路上有人會說小孩還小需要媽媽這種判斷方式就不是空穴來風，其實有個原則叫做「幼兒從母原則」意思就是說幼兒比較需要媽媽，所以如果孩子還小的時候，也真的會比較傾向判給媽媽（不然要餵母乳的時候怎麼辦？），不過這些也都只是判斷的標準之一，最後還是會由法官依照個案的情形綜合判斷唷！

讓沒錢的人也可以請律師

　　法扶，全稱叫做「財團法人法律扶助基金會」，以「為經濟上的弱勢者支付訴訟費用及律師報酬，提供法律的專業扶助，實現訴訟的平等權」為宗旨，由政府所捐助設立的私法人組織，也是台灣第一個公辦民營的法律扶助機構，主管機關與捐助成立者為中華民國司法院。講這麼最多，最重要的是最後一句，法扶的主要捐助者是司法院，也就是說，法扶花的錢大都是人民的納稅錢！

　　簡單來說，其實法扶的目的就只有一個，就是讓沒錢的人也可以請得起律師，免得以後窮人都被抓去關……。既然是要讓窮人都請得起律師，那就是說要法扶來幫他們付律師費啦！不過畢竟是司法院出的錢，所以也不太可能有大筆大筆的錢拿來給律師，那一定又要被罵到臭頭，於是法扶就想法一招──壓低律師的酬金，法扶每個案件給律師的酬金大約是兩、三萬元以下（還有更低的！），這樣的律師費大約是市場的 1/2 ～ 1/3，甚至更低，或許有人會說，這樣不錯了呀，一個月接個三件就月入九萬了，比別的行業好多了，有什麼好嫌的。

雖然也不能說月入九萬不夠好，不過重點是根本不會有這種事發生，因為在律師滿街跑的現在，法扶的選擇多了，也為了公平，定了個規定，就是每位律師一年可以接的法扶案件不能超過二十四件，也就是平均一個月兩件，就算每件都領得到三萬，那也不過六萬。而且最慘的是因為現在律師的人數大增，以致於很多法扶律師一個月接不到一件……，到後來依照身邊律師朋友的經驗，一年接不到五件法扶案件的比比皆是。

　　什麼？你還是覺得這樣還不錯？不要忘了，律師沒有老闆，所有的成本都是自己付，包括租金、水電、甚至是文具都是要自己花錢買的，東扣西扣下來，如果只接法扶的案件的話，還不如去公司上班還有年終可以領！所以基本上不太可能有律師完全靠法扶的案件在過活，就算有，大概也得縮衣節食才行。而這點兩、三萬的律師費，給大一點的事務所或是稍有名氣的律師塞牙縫都不夠（聽說有檢察官退下來當律師的，一件案件就要當事人付一百萬元！）。

　　大部分的律師接法扶案件多少都是在做公益的心態。不過有件事情可別誤會了，不是說法扶律師就都不收費，專門在做公益，絕大部分的法扶律師都跟一般的律師沒兩樣，只是多了一些法扶案件而已，其他一般的案件也都是會接，也會跟當事人收費的喔！所以不要看到法扶律師就巴上去要人家免費服務，還是要透過法扶派案才會是法扶案件，也才能由法扶幫你出律師費喔！

不被珍惜的法扶律師

我第一個法扶案件是一個竊盜案件,當初法扶派案的時候,有特別說明這是**陪偵**的案件。

當初是一萬元交保。接到案件之後我就聯絡當事人要過來開會,先是約了個相距一個星期的日期,開會前一天還特別打電話提醒她要記得來開會,因為知道她住桃園,還提醒她要提早出門,一直到開會前一個小時還跟她確認會不會過來,她說她已經出門了,結果等到約定的時間時,卻不見蹤影,打電話過去不接,連打了三、四通都沒人接,傳訊息不回,最後再打過去的時候就關機了。

> 陪偵:就是任何人第一次到警局、調查局或是地檢署做筆錄的時候,可以請法扶派律師陪同,這跟一般法扶案件不一樣,是沒有財力資格限制的,不過只限於第一次,第二次之後還是要通過資力審查。

過了一個星期再打給她,這次就接電話了,說她上次臨時身體不舒服,沒法出門(上次不是說出門了?),這次再約了個一個星期後的時間開會,結果一樣的情形再次重演,前一刻還在通話,時間到了人間蒸發。

因為是法扶案件,所以先打電話去跟書記官詢問開庭日期,

結果開庭日到了，我人還沒見著，委任狀也沒辦法簽，開庭前一天跟當事人聯絡，請她務必到庭，不然會被拘提，她也滿口答應，結果開庭當天又是一樣，前一刻還說在火車上，開庭前十分鐘打電話給她，她說已經上火車，但是火車誤點，要我等她。硬著頭皮進去法庭跟法官說明狀況，幸好遇到的法官很溫和，要我當庭打電話給她，結果又失聯了，法官十分善良，還說要等她，我有個不好的預感，就跟法官講說我事務所不遠，讓我回事務所等，結果從兩點多等到五點，她始終沒有出現……。

後來每次開庭差不多都上演同樣的戲碼，這位法官也很絕，明明是交保的被告，照理早就該沒收她的保證金了，可是這位法官卻一直都不肯沒收保證金。通常第二次未到庭也都會發拘票，把被告拘提到案，卻也是一再給她機會，一直到第四次未到庭的時候，才簽發拘票，然後沒收保證金，最後法院還發布通緝，才終於把她抓來法院，當天法院還通知我，問我能不能過去開庭，雖然當時我正要回家，不過想說如果不過去的話，她可能要在看守所待過夜，也是怪可憐的，於是就還是過去開庭。

開完庭後問她之前為什麼不來開會放我鴿子？她只是一直道歉，問她為什麼不來開庭放法官鴿子？她說來開庭要坐火車，她覺得火車票太貴。我說妳為了省來回不到一百元的火車票，結果一萬元保釋金被沒收，這樣值得嗎？她卻只是一直道歉，沒有任何的解釋。

這是我的律師生涯第一次被放鴿子，後來處理案件的經驗多了，跟其他律師聊天時才發現，大部分會放律師鴿子的，通常是法扶的當事人。

　　而且很微妙的是，通常自己付費的當事人，比較聽從律師的建議，而會放律師鴿子或是對律師比較不客氣的當事人，常常是自己不用出錢的法扶當事人，或是義務辯護案件的當事人，不知道是不是不用錢的就特別不珍惜？

　　有時也很不能理解，明明法扶律師、義務辯護律師都是來幫助這些當事人的，也沒跟他們收錢，怎麼總會有種是律師虧欠他們，凡事需要配合他們的感覺呢？

　　雖說可憐之人不見得必有可惡之處，不過至少可以說明一件事情，人們對於免費的東西，往往比較不珍惜。

　　也因為常常有這樣的「工作體驗」，讓很多原本滿腔熱血的律師，從一開始的積極、熱心的處理法扶案件，到後來的散漫態度，再到後來的完全不接法扶案件，雖說或有律師是基於營收考量（法扶案件、義務辯護案件的酬金相對低廉），或是行政流程的繁瑣（需要回報一堆資料，還會動不動被扣酬金），但更多的可能是對於法扶當事人的同情之心在每次的「不愉快接觸經驗」中逐漸的消磨殆盡。

隱藏在案件背後的故事

　　儘管談起法扶當事人，法扶律師就有說不完的可恨，有錢還來申請法扶的，把法扶律師當下人的，占法扶律師便宜的，各種光怪陸離的，要說多少就有多少。

　　不過撇開這些牛鬼蛇神的法扶當事人，大部分的法扶當事人可能也跟一般人沒什麼兩樣，會走到這個地步就只是上輩子沒燒到香，運氣不好而已。像是前面提到為了幫家裡還債還到自己去借錢，然後還不出來的，或是一輩子安份守己做生意，只是因為金融海嘯一來就把公司打得再也起不來，因此欠下鉅額貸款還不出來的，跟我們的區別就只是他們的運氣比較不好而已。

　　就算是一些會放律師鴿子的，對律師不信任的，騙律師的，常常背後也有他們的故事。

　　老鄧是卡債案件的當事人，當初來找我的時候，給人的印象實在很不好，遲到、說話粗魯沒禮貌、抱怨要準備資料太麻煩，最後還想拗我幫他跑單位申請資料，搞得我有次乾脆直接問他一直嫌這嫌那的，是不是沒有很想處理，如果不想處理的話，我也不會勉強他。好啦！我承認，當時是有點上火，講話也沒有太客氣。

沒想到他突然一改態度，向我道歉，說他真的不是故意的，只是因為白天要工作，也不能一直請假去調資料，連今天開會都是請假來的，如果請假的話，當月的全勤獎金就會拿不到，才想說有沒有可能請我幫忙，讓他不用被扣全勤獎金。

　　再聊到他欠債的原因，當初也是因為媽媽生了重病，為了要讓媽媽有好一點的醫療資源，才想說去辦現金卡借錢，哪知道後來會愈滾愈多，最後因為失業，沒辦法清償每月應該還的款項，帳戶就被扣，後來再找到工作的時候，也發現會被扣薪，就不敢再找正常的工作，改去打零工，領現金，這樣一做就是快二十年。

　　聽他講完，我的怒氣值也歸零了。其實仔細想想，大部分的卡債當事人也不是真的做了什麼大奸大惡的事，無非只是年輕時貪圖享樂，受不了銀行廣告的誘惑，甚至有些人像是老鄧或是前面提到的孝女，都是為了幫助家裡的經濟狀況才會選擇向銀行借錢，除了運氣不好之外，他們其實沒做錯什麼事，走到這樣令人同情的處境，也不是他們能夠選擇的。後來我跟他說明這些資料大都是得本人去申請，律師也沒辦法代勞，並且取得他的理解之後，案件才得以繼續進行下去。

　　這類的案件接觸多了，總會不知覺得想要再跟這些法扶當事人再多聊一點，想要知道這個「討人厭」的當事人背後的故事，這些故事常常不像裁判書上面所記載或是欠債金額所表現出來的這麼簡單，每個故事都有著它的前因後果，也有著它的來龍去

脈，欠債是為什麼欠債？打人是為什麼打人？每個法律關係的背後總有著它的緣由。多問個一句，可能就會聽到一段長長的故事，常常聽完之後，原本會讓人發火的當事人好像就沒這麼「討人厭」了。

開BMW也有資格申請法扶律師？

很多人都知道，法扶律師不用錢，所以有些人就會跑去法扶要申請法扶律師，可是卻不是每個人都申請得到，為什麼？因為提出申請之後，法扶還要經過三個審查委員討論後才決定要不要派法扶律師幫你打官司或是寫訴狀。除了要看你的財產、收入夠不夠少以外，還要看你的案情有沒有救，如果派律師給你也沒用的話，那法扶也不會派律師幫你的！

我剛好是法扶的審查委員，每個月總有個一到三次到法扶幫忙審查這些申請案件的機會，到現在也算審理了不少案件，奇奇怪怪的申請人也看多了，正所謂樹大有枯枝，人多有白痴，我也看了不少白痴……，啊！講錯了，是枯枝啦。

因為申請法扶律師需要符合「夠窮」的條件，所以就有規定一些財產、所得的限制，一旦財產總額或是所得高於規定的上限，就會駁回法律扶助的申請，有錢的人自己花錢請律師，沒錢的人國家幫你請律師，把社會資源花在刀口上，算是合情合理，不過很多申請人根本搞不清楚，就拿著名下兩三棟房子的財產清單或是月薪十多萬的所得資料來聲請法扶律師（X，比律師還有錢

還來申請免費律師）。

　　因為有時審查所得跟財產很麻煩，所以法扶還有規定，如果有中低收入戶的證明的話，就可以不用審查到底「夠不夠窮」、「收入夠不夠低」，對於審查而言是真的很方便，不用一件一件判斷。

　　不過之前遇過申請人拿著中低收入戶的證明來聲請法扶律師，因為案情也算有理由，我就把案情紀錄一下，然後請申請人回去等消息（法扶是不會當場告知有沒有通過審查的喔！），開會的時候委員們也一致同意派法扶律師幫他。不過就在審查結束，我正要離開時，突然看見申請人還在法扶樓下講電話，因為講太認真，所以沒看到我，我很怕申請人一直纏著問他的案子有沒有過，於是就打算低著頭走過去。

　　沒想到他突然抬頭跟我正眼相對，然後還點頭、揮手示意，我只好尷尬的跟他揮一揮手，經過之後突然覺得哪裡怪怪的，於是再回頭看，原來是他跟我打招呼的那隻手上還拿著車鑰匙，心裡就想說：好啊！中低收入戶還可以開車，那也不怎麼缺錢嘛！心裡正在幹譙的時候，就看他走向一旁的停車場，按了鑰匙，然後就迅速的上了那台看起來價值不斐的BMW揚長而去……。

　　除了有錢人裝沒錢來申請法扶的案件愈來愈多，等於是在浪費人民的納稅錢以外，另外也因為有的審查委員的審查標準比較寬鬆或是法律規定一定要派律師協助，導致一些莫名奇妙的情形都發生了。

像是酒後駕車的案件，基本上就是依照酒測結果來決定要怎麼處罰，連第幾次、酒測酒精濃度多少，對應該怎麼判、判多重差不多都有公式了，所以基本上找律師去也幫不了什麼忙，大概就只剩幫忙求情的功能。

所以一般來說，酒駕的被告去申請法律扶助的話，幾乎是不會准許的，不過曾經有一種情形例外——如果被告是原住民的話，原民會有一個特別的專案，只要具備原住民身分，去申請法律扶助時，選擇適用原住民方案的話，法律扶助基金會就一定要指派法扶律師給這個原住民被告當辯護人，不過這個法扶律師通常也不知道自己能幹嘛，因為啥事也不能做，就只好做做樣子，要嘛就質疑酒測機器不準，要嘛把各個減輕刑責的法條列一遍，跟法官求情，不過無論是哪一種方法，幾乎都沒什麼用，只是做個樣子而已，一切的作為只是為了要符合規定而已，完全沒有任何實質上的意義。喔！對了，法扶律師的酬金還是照領喔，雖然真的很少就是了……。

這項例外後來就不存在了，因為很多審查委員跟法扶反應這種案件根本沒有必要派律師，法扶與原民會溝通之後，才終於修改規定，所以後來就算是原民會的專案，也可以審查是否有派律師的必要。

除了上面的情形外，我還審過兩個來台的外國人在台灣的酒吧打架，結果互告傷害，然後兩個人都來法扶申請要免費的法扶律師，最後也都通過申請，都派給他們了。兩個外國人來台吵

架，本來跟台灣也沒關系，台灣卻要花費司法資源幫他們排解糾紛，然後還要花錢請律師協助他們，台灣是招誰惹誰了……。

法律扶助制度的目的就是要保障人民打官司的權利，怕有人出不起律師費，所以提供免費的律師幫他打官司，本來是一個很良善的制度，結果制度卻常常被濫用，不論是有沒有錢的都來申請，無論是不是需要律師的也都來申請，反正免費的大家爽爽用，卻不知道最後還是全民買單呀……。

讓人莫忘初心的法扶當事人

一張卡片

　　一般來說，如果不是法律扶助或是義務辯護的案件，雖然當事人跟律師間算是對價關係，當事人付費，律師提供服務，不過其實比較像是律師在幫忙處理案件，因此大部分的當事人通常對於律師的協助是心存感激，尤其是事情順利解決的時候，當事人通常也都是再三感謝。不過因為本質上還是對價關係，所以案件結束後，通常也不太會再聯絡，最多就是親友也遇到法律問題的時候，會介紹給親友來找律師。

　　至於法律扶助或是義務辯護的情況就很兩極，我有幾次遇到把裁判內容告知法扶當事人的時候（勝訴或是獲准），法扶當事人只有回了一句「知道了」，連聲謝謝也沒有，連後來要找我拿裁判正本的時候，也是直接指定一個時間要我配合，遇到這種當事人，也只能就摸摸鼻子算了。

本來以為如果是自己付律師費的當事人的話會好一點，不過我有個當事人在簽委任契約的時候，是約定委任範圍到法官下判決為止，判決後事情就需要自己去處理。在法院判決確定之後，這位老兄突然line我：「法院判決都沒有附帳號，是要怎麼把錢給對方？」我想說這位老兄是我朋友的哥哥，就幫他問了一下對方，我把對方提供的帳號轉給這位老兄的時候，提醒他說委任的部分已經結束了，後續要請他自己跟對方聯絡後續的事情，沒想到他連聲謝謝也沒有，還說：「你的任務還沒完呀，對方還沒給和解書呀！」我苦笑了一下，回他說法院已經判決了，不需要也不會有和解書這種東西，只要把錢匯過去就可以了，他才說「喔喔」，然後還是一聲謝謝也沒有……。

　　不過有的法扶當事人就暖心的多。我曾經幫一位許小姐處理更生程序，因為她的案件過程經過許多的波折，也讓我花了很多時間在處理她的資料，過程當中她也算配合，要什麼資料都乖乖拿來，不過可能法官對她的資料有點意見，因此一直反覆要求她提供類似的資料，整個過程被拖得很長，我還在法庭上跟法官吵了一架，差點賭上自己的律師生涯……，後來好不容易法院終於同意我們所提出的更生方案（還款方案），當我打電話告訴她的時候，她連聲音都顯得相當激動。在交代一些後續要注意的事項之後，就把這個案子報結了。

　　因為案子太多，也沒時間去想已經結束的案子，沒想到大約

半年之後，她送了一個蛋糕過來，還附了一張感謝卡，裡面提到她從結案後，每個月按時還款，雖然賺得還是不多，但是總算有喘息的空間，還可以思考未來的日子，很感謝我的幫忙，讓她有重生的機會，看完我眼淚都快掉下來了，沒想到我賭上自己的律師生涯真的是有幫助到需要幫助的人。

一直到現在，那張卡片都放在我的桌前，每次眼角不小心看到這張卡片的時候，都會再重新提醒自己要莫忘初心，要幫助真正需要幫助的人，不要成為見錢眼開、嗜錢如命的黑心律師。

一盒月餅

法扶當事人大部分都是真的在經濟上比較弱勢的人，也因為如此，法扶才會免費的派律師協助他們，雖然有的法扶當事人很可惡，不過也有很多法扶當事人是很感心的。

我接過一個卡債的案件，當事人是個中年人，早些年因為現金卡好辦，就辦了幾張，借錢花的很爽，結果最後還不出來了，就跟人家租牌賣彩券，和老婆一起守著這個彩券攤賣彩券，結果每個月收入扣掉租牌費用跟其他成本後大約只有兩萬多一點，扣掉生活費後根本沒有多餘的錢可以還給債權人。

在處理的過程中，他總是很努力的配合，有任何交辦事項都

是盡快的去處理，絕不會拖延，不過因為他的彩券收入是掛在借他牌的人底下的，所以他的收入很難證明，當時也搞了很久，法院好不容易才同意他的更生方案（還款方案），這位當事人在收到我的通知之後，除了親自來事務所道謝之外，還在手頭很緊的狀況之下，硬是去買了盒月餅要送給我，雖然我很感動，不過礙於法扶案件不能向法扶當事人收費、收禮的規定，還是只能狠心的請他把月餅帶回去，不過他的真心誠意我就一直放在心裡了。

　　有時會覺得當律師很辛苦，不時被法官、檢察官冷嘲熱諷或是當庭羞辱，出了法庭又常會遇到無法溝通或是態度惡劣的當事人，時不時還要充當心理諮商師聽當事人倒垃圾，工作上可以說是負面能量滿滿，不過偶爾遇到感恩的當事人稍稍表現出感激的態度時，又會覺得自己像是扶助弱小的超人，一下子正義感又爆棚。誰說律師都只向錢看，沒錢就不接案？我們偶爾也是會熱血充腦，雞婆的幹些賺不到什麼錢的事情，畢竟律師這麼多，熱血的傻子還是會有的⋯⋯。

賭債非債，但你欠的真的是賭債嗎？

　　首先是這樣的，賭債不用還。對，就是那個意思，賭債不用還，為什麼不用還？因為「賭債非債」，意思就是說，賭債不是債，既然不是債，當然就不用還！不用翻六法全書了，就算翻爛了，也找不到這個規定，主要是因為民法有個規定，就是「法律行為，有背於公共秩序或善良風俗者，無效」，而賭博罪又是刑法上處罰、禁止的行為，因此其因為賭博的行為所產生的債務，債權人就沒有請求權了，既然債權人沒有請求權，那還要不要還？自然是不用還了。

　　金小姐透過法扶找上我，她一來就表示說欠了人家賭債，我第一個反應就是那就不用還呀！不過金小姐激動的說：「對呀！賭債不用還，對吧？可是債主還是來跟我要，而且還提告！」「喔喔！那妳放心，賭債是不用還的喔！就算提告也沒用的！」不過每次跟當事人討論案情的時候，總是這樣，當事人總是會給你「驚喜」，這次也沒例外。

　　資料到手之後，我發現有點怪怪的，一問之下才知道，原來金小姐所謂的賭債根本不是賭債，一般所謂的賭債指的是賭博輸

給一起賭博的人付不出賭金時，所欠下的債務，金小姐卻是在賭到沒錢的時候，跟賭場老闆借錢繼續賭，本來還想說如果賭場老闆也有下去賭的話，那還有機會硬拗說是賭債，不過人家賭場老闆根本沒下去賭，只是抽頭（每場贏家要把賭贏的錢的 1/10 給提供場地的賭場老闆）而已，於是我就老實跟金小姐講說以她這種情形是沒辦法不還錢的，金小姐聽完後沒多久，就跟法扶聲請換律師，說我跟她的想法不同，她要換一個可以配合她的律師，然後我就這樣被換掉了……。

　　真相總是傷人，我太坦白的告訴金小姐法律上的真相跟她想的不一樣，於是金小姐覺得被傷害了，所以換律師（換個律師繼續傷害她），而金小姐案件的真相也傷害到我了，愈來愈覺得當事人不可信，打官司就是在互相傷害，原告與被告互相傷害，當事人與律師互相傷害。

惡房客賴兩年才退租，開門驚現垃圾山

　　租屋糾紛一直是我常被詢問的案件類型，因為通常金額不高，請律師划不來，其實也很少有人會真的委託律師來處理案件，所以當小真因為房客死不搬走還欠租金而來找我的時候，我第一個反應是叫她自己處理就好了。

　　不過小真卻拜託我一定要幫她，她是個耳根子比較軟的人，卻遇到一個非常賴皮的房客，雖然已經承租了很久的時間，最近一年多來卻常常遲繳房租，連約好由房客負擔的管理費也常常沒繳，管委會就跑來找小真，小真問房客的時候，房客總是說是管委會搞錯了，他們都有繳，會再跟管委會處理，但是卻從來沒有處理過，最後是小真受不了，自己去把管理費繳清了。

　　剛好租約到期，於是她就提前一個月跟房客表示不再續租，請房客盡快搬走，房客先是不斷苦苦哀哀求她續租，她原本不肯續租，不過因為房客實在太盧小小了，而且又死不搬走，她只好讓步再讓房客續租三個月來找房子。

　　其實說到這裡的時候，我就覺得很怪，一般租約應該是到期

前房客就該自己找到房子，在租約到期的那一天前就要交還房屋，為什麼小真的房客會這麼自然的覺得是租約到期之後才需要開始找新房子搬走，根本是在占房東便宜，不過我當時也太天真了，那位房客的惡劣可不只是如此。

除了租約到期後才開始找房子外，房客還開始亂繳房租跟管理費，故意把帳弄得很亂，一個月租金一萬五，他就故意這次繳一萬元，下次繳一萬八，再下次繳一萬五，而且繳房租的時間還很不固定，讓小真帳都對不起來，因為每次匯的錢都不知道是在繳哪一期的房租。

一直到續租的三個月又到期，而房客卻一點想要搬的意思都沒有的時候，小真才終於下定決心要提告。房客的應對方式就是從被提告之後，就再也沒有付過任何租金及管理費。

這個房客打從一開始就沒打算要搬走，不過進入調解程序的時候（提告要求房客要搬走的訴訟，通常會先進行調解），就一直在調解委員的面前裝可憐、裝無辜，一直表示真的有在找房子，可是都沒找到（租約到期都超過半年多了，還是沒找到？），他們真的很有誠意要處理，也盡力在找了，不過就是找不到。問他們打算什麼時候搬走，就會開始跳針因為要找學區房，所以不好找（這跟房東有關嗎？），只要我提出一個日期，他們就會有意見，說太趕，至少需要再三、四個月（找個房子找了一年，然後繼續霸占房東的房子？），還一直對我動之以情，在我直接點

破他的拖延策略後，房客就翻臉跟我吵了起來，滿口難聽的話，開完這個調解庭後，我已經成為一個故意要打官司賺錢，全然不顧當事人利益的律師了。

最後調解委員說不然兩個星期後再來，到時請他們在一個月後搬走，房客突然很乖的順從調解委員的安排，還表示說不定下次開庭前他們就找到搬走了，調解庭上講得很有意願處理，不過離開調解室的時候，卻是直接訕譙我，這讓我有不祥的預感，果然，兩個星期後，房客就直接缺席調解庭，把我跟調解委員一起放鴿子。

在進入訴訟之後，房客只要開庭就跟法官裝可憐，說母親過世、自己又生病，所以沒辦法找房子，可是母親過世跟生病都是租約到期後超過半年的事，房客在法庭上自然絕口不提他們已經住霸王屋住了一年的事，還是持續哀兵策略，不斷表示很有誠意解決，也願意跟小真協商（不過開完庭後卻從來沒有和我們聯絡過）。

法官似乎也被房客給矇了，不管我在訴狀上或是在法庭上如何的戳破房客的謊言，法官始終都是聽完雙方講話後（通常不會超過二十分鐘），就說要另外再訂日子開庭，就這樣重覆了三、四次之後，房客每次來開庭都是一樣胡說八道，每次都說下次會提出證據，可是也從來沒有提出任何證據，法官卻也都沒說什麼，只是不斷的開庭。

到最後法官似乎發現自己也被房客騙了（終於），就在房客還在講說因為母親過世、自己生病的時候，法官抬頭看了他一眼，說「你找房子找了一年也太久了吧」，在法官的覺醒之下，終於結案。

到法院判決的時候，房客已經又白住了快一年，然後還是絲毫沒有想要搬走的打算，最後只好聲請強制執行，強制房客搬走，這個時候，離當初租約到期的時間，已經過了一年半了。

本來想說被強制執行了，一般人意識到已經要被趕走的時候，總會快點找地方搬走，不過這個賴皮的房客自然不是這樣想的，無論是法院公文要求他自己搬離，還是法院人員到現場勘查時請他自己搬走，他都不改一貫的說法：「已經在找房子，要搬了！」但是都還是繼續霸占著房子不搬。

一直到法院下通碟，定了一個強制搬遷的日子，小真連警察、鎖匠都已經找好了，他還是在強制搬遷的前一天才搬走，把鑰匙交給管理員，通知法院人員說他們已經清空房屋，等到強制搬遷那天大隊人馬進到屋內後，卻是堆積如山的垃圾丟在屋內，連裝潢也有多處都遭到破壞。

雖然說是可以再起訴跟房客要求賠償，不過房客名下根本沒有任何財產可以強制執行，小真最後也只能安慰自己經過了快二年，至少房子拿回來了，誰叫自己倒楣遇到這種瘟神呢？

後來我也都建議房東們，租賃契約其實可以拿去公證，並在

契約上明訂房客同意如果不繳房租的話，可以直接強制執行，這樣至少可以省去中間打官司的時間，而且在房租一開始欠繳的時候，就應該提高警覺，一旦欠繳二期以上，就應該立時終止租約，然後開始走該走的程序，像是發存證信函終止租約、提告返還租賃物等等，才不會像小真這樣，太晚才下決定決心要照法律走，也拖延了更多的時間了。

　　至於訴訟的過程中房客如果願意好好依照契約繳租金了，其實是可以隨時撤回的，也不用擔心會有無法挽回的情形喔！

青少年犯罪頻傳，
誰才是他們的避風港？

阿倫的故事

青少年案件一直是我心裡的痛。

最開始接觸到的是一個強盜加傷害的案件，當時是里長打電話來求救，說有個里民的小孩被抓了，這個里民媽媽也搞不清楚是怎麼回事，就跑去找里長幫忙，里長跟我還算熟，就馬上打電話請我幫忙，這個小孩叫阿倫，是一個還沒滿十八歲的少年，接案後我就去少年觀護所看他。

原來他是因為傷害加強盜案件被調查，因為有串證之虞，所以被法官裁定收容（類似羈押）。那天他本來在家裡沒事幹，一個朋友打電話來問他有沒有空，要不要去幫忙，也沒說要幫忙什麼，阿倫基於兄弟義氣，也沒多問就說好，然後就被載去某河堤旁。

路上主事者說有個人欠他們錢不還，要教訓他，把錢拿回來，所以要大家來幫忙充場面，不一定要動手。

　　阿倫從小就以當大哥為目標，只要有人找要處理事情、要打人的，他總是會到場，說是要鍛練自己，累積經驗，甚至加入了幫派，不過還算是外圍的組織，稱不上什麼黑道人物，最多只是被叫去充充場面而已。

　　阿倫為了要求表現，身體練得孔武有力，每次去處理事情的時候，都很拚命，這次也不例外。當天到了現場之後，本來說好給對方一點教訓，阿倫不需要動手，不過他當然不放過表現的機會，上去就是開扁，打得對方傷痕累累，而兩個主事者則是到對方的車上搜，不過似乎沒找到什麼值錢的東西，而阿倫一直認為是去討債的，所以就主動扯下對方脖子上的金項鍊，然後交給其中一個主事者，主事者說不要，就被阿倫丟在地上，還在大冷天的半夜命令對方脫到只剩內褲，然後把對方的衣物帶走丟掉，最後一伙人要走的時候，還把對方的車開走，丟棄在路旁。

　　對方後來報警，過沒幾天警察就來把阿倫等一行人抓走，法官問完後將大部分的人都收押。

　　去見阿倫的時候，或許是因為在少年觀護所，他表現的十分乖巧，對於我的問題也都全盤托出，不由得對阿倫多了一些長輩的關愛，很想幫他一把。先是努力把他從觀護所放出來，我還記得阿倫放出來的那天，阿倫媽媽又是高興又是心疼的抱著他，不

知道是笑中帶淚還是淚中帶笑了，她不停的向我道謝，還說我是他們家的恩人。

或許是虛榮心作祟，又或許是自我膨漲，我一直覺得自己能夠幫助這個迷途少年。於是當阿倫媽媽跟我提起阿倫出來之後，又開始跟那些壞朋友廝混的時候，我覺得自己應該要做點什麼。

其實會讓我想要改變阿倫還有一個原因，就是承審的法官在還沒把阿倫放出來之前，一直強調一定要切斷阿倫跟那些壞朋友的聯繫，不然他的一生可能就毀了，未成年就強盜，以後不知道會幹出什麼事來。也說如果阿倫還是不知悔改，就要送他去**明陽中學** ，讓他好好在監獄裡唸書。我以為有法官當後援，或許可以拯救一個少年，雖然是酬金很少的法扶案件，卻讓人願意投入很多的心力在這個案上。

> 明陽中學是提供給入監的少年就讀的學校。

我跟阿倫媽媽講好，在跟阿倫開會的時候，跟他說為了要讓法官覺得他有悔過之心，要他回學校繼續念書完成學業，如果不想念書，就去找一份正當而且工時非常長的工作，目的是要讓他忙到沒有時間跟他的狐群狗黨廝混，對阿倫的說法則是說要讓法官留下好印象，而且因為工作時間很長，晚上也不會跟朋友出去，如果法官不相信，還可以請公司派人來證明這件事，只要在判決之前都維持這樣的狀態，他的案子就比較有機會可以輕判，也告訴阿倫說這一切都是為了他的案子，要他暫時忍耐。

阿倫也很聽話，真的去申請學校就讀，因為是夜間部，白天還找了份便利商店的工作。我覺得這樣很好，這個案子少說也要走個一、兩年，到時候他應該就可以遠離那些狐朋狗友了。

　　然而故事總是會有轉折，人生也是一樣，就當我以為一切都就緒，只待水到渠成時，某天阿倫媽媽突然跟我說兒子沒上幾天課就不去學校了，說要找一份正職的工作，所以沒辦法上學。我本來也覺得還好，反正唸書、工作都可以，主要目的是讓他離開他的那些壞朋友。不過阿倫媽媽說他沒去上課後，連便利商店的工作也辭了，又開始跟以前的朋友出去鬼混。

　　我不死心，把阿倫再找來事務所開會討論案情，結束之後跟他閒聊，假裝不經意的問起目前學校的狀況，他很老實的說自己沒去上課了，因為想要找全職的工作，認真賺錢。我說這樣很好，那要找什麼工作呢？找到了嗎？他回答不出來，於是我就假裝生氣，很慎重的跟他說，這件事情非常重要，要求他一定要去找一份很忙，而且會工作到晚上的工作（主要目的就是讓他晚上沒機會去跟朋友鬼混），硬逼著他一定要把自己搞得很忙。

　　阿倫在我面前總是表現出很聽話的樣子，也讓我總是感覺充滿希望。這次也不例外，他答應要再去找一份工作，於是就跟著舅舅去工地當工人，是個很耗體力的工作，讓他也真的在下班後沒時間跟朋友出去鬼混。

　　後來阿倫媽媽說阿倫的脾氣很暴躁，還會跟家人吵架，於是

我又跟阿倫說如果讓法官知道他還跟媽媽吵架的話，應該會真的把他送進監獄，要求他要忍住，不能跟家人吵架，而且還要每個月至少跟家人出去聚餐一次，然後在臉書上打卡，我再把這些資料拿給法官看，證明阿倫真的很乖，有改過了。其實我根本不知道這樣做能不能讓他不要進入監獄，不過可以確定的是，至少在這段時間內，他有機會可以跟家人好好相處。

阿倫媽媽從一開始三不五時就line我，抱怨兒子又不聽話，到後來是幾乎沒有什麼消息傳來，我更覺得應該真的有機會可以改變阿倫的一生了。

而就在這個時候，法官又開庭了，開完後沒多久就把阿倫的案件送去地檢署，依照程序來看，檢察官如果起訴的話，案件就會再回到同一個法官身上，這個法官應該就是會把阿倫送去明陽中學，讓他好好的去唸書了，而且為了讓阿倫可以在明陽唸完高中，拿到文憑，學得一技之長，大概至少會判個三、四年以上。雖然對我而言，或許不好跟阿倫交代，不過倒也覺得可以讓他去唸書，也不見得是件壞事，也幫阿倫媽媽作好心理建設，讓她早點接受兒子可能會進去監獄的事。

檢察官在開完庭後，沒有太多表示，只叫阿倫回家等消息。而我依照前面發展的局勢，心想檢察官應該會配合法官的想法，把阿倫起訴，於是就一直在等起訴書寄來。

沒想到，寄來的是「不起訴處分書」，是的，檢察官認為阿

倫沒有構成強盜罪，所以不起訴。也因為檢察官不起訴，所以法官原本想要把他送去明陽中學的計畫也不可能實現了，因為依照目前臺灣的司法制度，只要檢察官、自訴人不起訴，法院就不能審理也不能判決，沒有判決自然不能把阿倫送進監獄，不進監獄就不能去明陽中學唸書。我還記得把這個消息通知阿倫媽媽的時候，她還十分高興兒子不用進去關了，只有我心裡一直覺得很不安。

時間快轉到半年後，某天心血來潮，想起阿倫，於是就line了阿倫媽媽，問起阿倫的近況，她的回應很冷淡，只說他一樣不長進，一問之下才知道原來他除了沒在工作之外，還另外捲進了一件湮滅證據罪的案件中，原來強盜案結案後沒多久，阿倫就不去工地了，阿倫舅舅也被他氣得半死。不工作之後，又整天跟以前的朋友鬼混，後來那群朋友裡有人殺人未遂被檢警調查，不知怎麼的，阿倫竟被懷疑幫兇手湮滅證據，被警方發現後，就把他移送法辦。

我一直覺得很感慨，如果當時檢察官起訴的話，或許阿倫會過著完全不同的人生，現在可能已經完成他的高中學業，也習得一技之長，在出獄之後，雖然會辛苦點，但至少可以好好走上正途，不過這些都是「如果」，一個讓人覺得惋惜的「如果」……。

小宗的故事

　　小宗的詐騙案是另一個讓我一直掛在心裡的案件。同樣的，也是里長打電話來求助的案件，剛滿十八歲的小宗突然被警察帶走，然後就收到了被羈押的通知書。因為進了看守所之後音訊全無，只知道好像跟詐騙有關，小宗媽媽急得像是熱鍋上的螞蟻，因為小宗家是列冊的中低收入戶，里長得知後第一時間就通知有在處理法扶案件的我。

　　接到案件後，我便趕去看守所律見小宗，才了解原來並不是因為詐騙而被羈押，是因為小宗涉嫌一件重傷害的案件，又因為有串證之虞才被羈押。

　　在看守所內的小宗看起來很乖，似乎是監所內的嚴格的管理、規律的生活會讓在監所的人十分習慣順從，因此對於律師說的話，也是不敢違抗、頂撞或是表達反對意見，因此我很快就掌握了事實的全貌。原來他並沒有打人，反而是送被害人就醫的人。

　　小宗在幾個月前經過朋友的介紹，認識凱哥，凱哥表示只要去大陸開銀行帳戶後，把提款卡跟存摺印章交給凱哥指示的人，除了去大陸的吃喝玩樂都不用錢外，每個帳戶還可以拿到五千到一萬不等的報酬，這種有吃、有玩，還有得拿的好康怎麼可以放過，小宗便跟朋友小志一起去了大陸。在大陸時，他們認識了大

明跟小明兩兄弟，一見如故的成為好朋友，還約好回台灣後要一起出去玩。

小宗回來過了兩個星期，大、小明說他們也要回台灣了，不過就在這個時候，凱哥打電話給小宗，要小宗跟他的人去接大、小明，小宗直覺不太對，追問之下才知道大、小明在大陸得罪了凱哥，因此凱哥要給他們一點教訓，要小宗把他們帶到指定的地點。小宗一開始不肯，但凱哥威脅他如果不乖乖配合的話，就要對他的家人不利。

小宗只好配合凱哥去機場接機，小宗一見到大、小明，立刻警告他們說凱哥要對他們不利，而且機場有凱哥的人在監視他們，如果大、小明想要跑的話，小宗跟小志就跟他們一起逃跑。大、小明或許覺得逃不掉，又或許不想害小宗受自己牽連，總之最後還是上了凱哥的車。

車子從機場離開後，直接開到了一個山區的土地公廟前，大、小明一下子就被一群人圍毆。小宗嘗試幫大、小明說好話，不過在一群人已經殺紅了眼的狀況之下，沒起什麼作用，最後大、小明的右手食指都被打斷。

兩兄弟的血流不止，小宗趕忙跟凱哥說要快點把他們送醫院，不然失血過多會出人命的。他們似乎也有點害怕，也怕醫院會通報警察，惹來麻煩，於是就把人載到山下就叫他們下車，小宗跟大、小明討論後，也怕送醫會引來麻煩，想要先自行處理傷

口，於是就買了藥品、紗布先去汽車旅館想要自行包紮，卻發現傷勢實在很嚴重，怕出意外，就緊急的送去醫院，還幫大、小明聯絡父母到醫院。住院期間，除了小宗時不時的前往探望陪兩兄弟說說笑笑外，小志甚至還每天去醫院陪他們。

後來手指的傷勢實在過於嚴重，就在醫生的建議之下截除了兩兄弟的右手食指，手術後沒幾天，兩兄弟突然趁小志不在的時候，辦了出院，而且失去聯絡。過了幾個星期，小宗跟小志就被警察帶走，聲請羈押。原來是大、小明對凱哥一行人提出重傷害罪的告訴，把小宗跟小志列為共犯，一起告了。

說來小宗也很冤，明明是被凱哥脅迫才去接大、小明兄弟上車，甚至還有警告他們，而且根本也沒動手，最後還是被當作共犯。我在了解了事發經過後，便想辦法先把小宗救出看守所。

後來的事情的發展實在怪異，先是大、小明兩兄弟堅持對小宗提告，而且在法庭上的說詞一變再變，從本來還幫小宗講話，說他們這個案子無關，到後來改口說他們不確定小宗是不是沒有參與，最後更是直接說是小宗騙他們上車，害他們被斷指的。

另一方面其他共犯的證詞也十分詭異，原先是所有的人都說小宗沒有涉案，是被他們強逼著去叫兩兄弟上車，到後來突然有一個主要下手的共犯說小宗也有一起謀劃這起犯罪，法官放著其他共犯都說小宗沒涉案不管，硬是連著兩審都判小宗有罪（說好的無罪推定原則呢？），不過最意外的是，鑑定報告下來說兩兄

弟雖然食指都斷了，可是手部的功能喪失程度還不到殘廢，所以法官就以普通傷害罪而不是重傷罪定罪，就這樣，小宗就背了一個傷害罪的前科。

刑事案件處理完之後，兩兄弟接著提告民事，要求每人五百萬的賠償金額，本來以為不關小宗的事，可是因為小宗被定罪了，所以也跟著要賠償，本來以為兩兄弟應該會挾著勝訴判決的氣勢，堅持要求每人五百萬元的賠償，沒想到最後卻以十二萬元跟小宗和解，還可以分期付款……。

由於後來的發展實在很詭異，以致於我也只能順著情勢發展敲敲邊鼓，盡量降低賠償的金額，雖然最後以十二萬成交很出乎意料之外，不過也還是為已經不甚富裕的小宗家感到高興，至少不致於傾家蕩產。

這個案件從一開始，我就把重點放在小宗的身上，比起他會不會被判有罪，我更關心他在這個案件之後能不能再回歸正途，還是說這個案件可能只是他走上歧路的一個開端。在處理案件的期間，我也一直努力的想要讓小宗可以步上人生的正軌（其實到底什麼是正軌，我也沒辦法確定，不過希望至少可以讓小宗不要再犯罪，讓家人擔心，讓社會受害），不過最終還是事與願違。

就在案件結束幾個月後，小宗爸爸突然打來，說小宗又闖禍了，這次是被抓到吸毒，前面的傷害罪才剛剛判決，連一年都還沒過就又犯罪了，這是刑法上的累犯，有罪是免不了的，刑期還

會加重。電話中我雖然想了解狀況，看能不能提供什麼協助，不過小宗爸爸打來的口氣卻已經萬般的無奈，也講明他不想再幫小宗了，這次打來只是問一下會不會牽連到其他家人，知道不會之後，說聲謝謝就掛了電話，從此就再也沒有小宗及他家人的消息，不知道小宗後來怎麼樣了。

　　阿倫與小宗兩個孩子有很多的相似之處，父母都是忙於工作，而缺少陪伴孩子的時間，在成長過程中因為無知而犯下的蹺課、抽菸等各種小錯，也因為沒有機會好好的被引導，而產生了偏差的價值觀，最後才走上犯罪的道路。等到孩子已經走上歧路時，就已經不是長年未關心孩子或是從未學習如何跟孩子溝通的父母能夠改變的了，父母的千言萬語，還比不上朋友的一則訊息，想要防止少年案件的發生，應該要努力的是在他們開始蹺課、抽菸的時候，等到開始真正犯罪的時候，常常就已經不是父母可以去挽回的時候了。後來每次在處理少年犯罪案件的時候，我總是會一再想起這兩個我拚命想救，卻救不起來的孩子……。

PART 2

走進別人的人生裡

對於我而言，處理案件最有趣的莫過於可以藉由案件看到各種人生百態，太陽底下總有新鮮事，也總有新鮮的人，雖然我還不像一些資深的律師一輩子處理的案件可能上千件，不過遇到的奇人異事卻也不少，尤其是有些對造、當事人甚至對造律師的行為，恐怕我一輩子都沒辦法理解……。

誰説被愛是一種幸福？

這個案件讓人覺得匪夷所思的是**對造**，劉小姐第一次來找我的時候，正在跟老公打離婚官司，當時第一審快打完了，只是來諮詢第二意見的，不過後來打完第一審之後，因為某些原因決定要換律師，就轉來委任我。

自從接手這個案件後，劉小姐就經常跟我討論案情，說起以前的不堪，幾度激動落淚。其中讓人印象深刻的有幾件事，其中一件是關於丈夫的生活習慣，剛結婚時，因為丈夫家裡有房子，加上小倆口沒什麼錢，因此就住在婆家，而丈夫跟婆婆生活習

> 對造就是打官司的時候，跟你打對台的人，也就是對方的當事人，至於對造律師則是對造委任的律師。這種稱呼通常是用在民事訴訟或是行政訴訟的程序，因為刑事訴訟的話，其中一方通常是檢察官，不太會稱呼檢察官是「對造」，就算是自訴案件（不透過檢察官而是自己提告的刑事案件），通常也是稱呼自訴人、被告，而不太會稱呼對造。

慣都很差，東西都是隨手亂放，再加上又喜歡堆東西，也捨不得丟東西，家裡亂得跟垃圾堆沒什麼兩樣，劉小姐看不下去想要幫他們整理的時候，丈夫還會威脅她說：「你敢動我的東西你試試看。」也就這樣，婚後超過六年的時間，都是住在垃圾堆之中，不

說的話，還以為家裡是在做資源回收的。

　　本來如果只有兩個人過生活，還可以忍受，但小孩出生之後，母親的堅毅就展現出來了，劉小姐堅持要搬出來住，於是兩個人就買了間房子，頭期款還是劉小姐出的，沒辦法，誰叫是她堅持要搬出來的。本來以為搬出來之後，是新生活的開始，沒想到卻墮入另一個地獄。

　　前面說到劉小姐的丈夫脾氣不好，倒不是那種整天兇巴巴，讓人不敢靠近那種，而是情緒起伏極大，平常好好的，但是脾氣一來就是一秒變臉，而且不分時地的飆罵。有些人以為所謂的虐待應該是要有肉體上的傷害，不過其實在家庭暴力的案件裡，精神虐待的情形反而更多，而且往往會造成更長期的傷害。兩人吵架時，他動輒大聲怒吼，輕則對她丟東西（有次還拿保險套丟她），不過他對小孩倒是很好，好到幾乎是溺愛的程度，除了會買很昂貴的禮物送小孩之外，還會幫他報名很貴的才藝班，而且想到什麼就去幫小孩報名什麼課程，這也顯示出丈夫對於金錢管理很不在行，也因此，雖然月薪也是五、六萬以上，但是結婚十年卻完全沒有任何存款，甚至負債累累。

　　劉小姐從小就是乖寶寶，成績算是名列前茅，畢業後就考上公職，也因為從小的傳統教育，相對保守的理財觀念加上公務員的薪水本來就不錯，讓劉小姐累積了不少的財產，除了現金有四、五百萬外，連一家人住的房子也是掛在她的名下。

無論是生活習慣，還是金錢觀念，或是個性上的不合，讓劉小姐再也無法忍受與丈夫繼續一起生活，於是在律師的幫助之下，趁著丈夫外出，把家中的門鎖換掉，隔著門跟他對峙，同時向警方聲請保護令。事後劉小姐回想，當時如果不是家人的支持加上律師的介入，她大概也沒有勇氣去對抗她長久以來的夢魘。

　　本以為丈夫會抓狂堅持要進屋，不肯離去，不過很意外的在警察的勸說之下，他竟然乖乖的離開了，但她心裡也明白，這不過是暴風雨前的寧靜罷了。

　　把丈夫趕出家門只是一個開端，後續緊接著的保護令聲請程序及離婚訴訟才是主戲。丈夫雖然個性暴躁、易怒，不過對於劉小姐倒是真心喜愛，據丈夫的說法，被趕出去的那個晚上，他之所以願意離去，完全是因為還希望挽回這段感情，怕繼續僵持下去會真的無法挽回劉小姐的心。也因此在每次的開庭當中，他除了表達不願意離婚，並否認劉小姐的所有指控外，還是每次都表達自己有多愛劉小姐，為她付出多少。

　　但也因為他的占有慾極強，導致只要有男性出現在劉小姐身邊，他就會懷疑是不是跟劉小姐有什麼不可告人的關係，連律師也是嫌疑犯，丈夫對於劉小姐的律師都十分敵視，無論是在調解或是在正式開庭時，他都常常跟劉小姐的律師對罵。可能是劉小姐表現出來的形象太過可憐，也可能是丈夫在法庭上的表現的實在太過異常，讓法官在沒什麼證據的狀況之下，還是讓劉小姐勝

訴，判決離婚。不過，這麼愛劉小姐的他自然不肯就是鬆手，馬上提出了上訴。

我是第二審才接手這個案件，接手後才發現前手律師雖然給劉小姐很大的心理支持，但對於離婚訴訟似乎不是很擅長，犯下了一個很大的錯誤。

一般來說離婚不外涉及小孩及財產，就小孩的部分來說，其實對於劉小姐是十分的有利，因為劉小姐本身是公職人員，加上平常對於教養孩子的事情就十分用心，提供小孩完整的教養環境自然是輕而易舉的事。

財產的部分就如同前面所提到的，她名下的財產不少，而丈夫不只沒有財產甚至還負債，也就是說如果真的離婚成功，他是可以行使「**剩餘財產分配請求權**」，要求劉小姐把婚後賺來的錢分一半給他的，計算之後劉小姐大約要給老公三百多萬元。

通常這種情形律師應該會請當事人先把財產處理一下，再提離婚，而且要提前五年處理，因為依法律的規定，是可以追溯到離婚前五年的。劉小姐的第一審律師也不是沒有注意到財產的問題，不過他卻跟劉小姐說只要不在劉小姐名下就可以了，所以劉小姐就天真的在提起離婚訴訟前把名下值錢的財產都轉到親

> 結婚之後夫妻兩個人各自取得的財產，扣掉別人送的，或是繼承來的財產，比較少的那一方可以在離婚或是配偶死亡的時候，要求另一方拿出錢來補足兩個人的差額，總之就是要讓兩個人婚後得到的錢要一樣多啦！

友名下，而且全都留下了紀錄。

我在受委任之後，很快的發現這個嚴重的問題，也就是說除非兩個人是和解或調解離婚，並且一併把剩餘財產分配的部分處理掉（雙方都放棄剩餘財產分配請求權），不然劉小姐之後極有可能會被追索財產。其實也不用我發現，因為丈夫在上訴二審時就提出了剩餘財產分配的主張了，揚言只要確定離婚，他一定會行使剩餘財產分配請求權。有人說那就叫劉小姐脫產不就好了？可惜事情沒有這麼簡單，因為劉小姐是公務員，薪水一定查得到，只要被強制執行一定會被扣薪，所以就算可以把手上的財產都移轉，薪水卻無法擺脫被扣薪的命運，只要她繼續當公務員，那就會持續的被扣薪水，所以脫產是沒有用的。

劉小姐本來以為的一手好牌，到二審時，卻變成受制於對方的爛尾牌，因為如果離不成婚，她也很難回去過生活，如果離婚，她也還是需要付高達三百多萬元給丈夫，一下子劉小姐就陷入進退兩難的困境。

不過最麻煩的還是在丈夫在法庭或調解時根本無法溝通，明明已經在討論如果離婚的話，小孩要怎麼照顧，財產要怎麼分，他卻會突然開始說為什麼要離婚，然後就是一堆謾罵，他的律師就會開始安撫他，等到情緒穩定了，再繼續討論，然後又會突然開始質疑為什麼要離婚，基本上就是無限循環，聽說私下與他的律師在討論時也是如此，也讓他的律師非常的無奈，也很想快點

把案件結束掉。

　　或許是因為丈夫的律師也很想快點擺脫這個案件，因此非常努力的在促成和解，最後在漫長的協商過程之後，劉小姐同意分期給付一百多萬元給他，他也終於明白他在爭取擔任小孩的主要照顧者這件事情上是幾乎沒有機會的時候，才總算點頭同意離婚，小孩主要由劉小姐照顧。

　　在雙方正式在調解筆錄上簽名的時候，我都快哭了，一件反覆折磨四方的案件（劉小姐、丈夫、我、丈夫律師）終於落幕。不過丈夫也還是小孩的爸爸，在目前要求父母要遵守善意父母原則的社會氛圍下，就算離了婚，也不可能完全斷絕聯繫，怎麼可能就這樣結束呢？不過這已經不是法律可以幫得上忙的地方了，再怎麼不願意，劉小姐都還是只能靠自己走下去了。

　　當律師以前總覺得公務員有固定收入很棒，又不怕老闆跑路，當律師看了這麼多債務案件之後就覺得當公務員欠債的話，會沒辦法脫產，很麻煩……。

永遠狀況外的老闆

世上人有百百種，有的人雖然是第一次打官司，卻能很快的抓到重點，至少聽得懂法官講的話，也了解法官想要什麼樣的資料，可以適時的提出適當的資料，來提高自己獲得勝訴的機會。

然而大部分的人，在第一次打官司的時候，通常都搞不清楚狀況，不過因為法官也了解這種情形，所以如果遇到沒有請律師的當事人，通常就會用比較白話的方式讓當事人了解，不然訴訟程序沒辦法順利進行，沒辦法結案的還是法官，法官自然不樂見這種情形發生。

不過有些人就像董小姐這樣，明明對於法律也不是很了解，也不願意請律師幫忙，就自己亂搞，這樣倒也罷了，最多就是判決她敗訴就是了，只是董小姐還會很自作聰明的自己解讀法條的意思。

董小姐是某公司的老闆，聘了Mary當她在海外分公司的祕書，Mary本來很興奮有機會可以出國工作，而且待遇似乎也還不錯。不過就職之後就發現董小姐根本是個瘋子（這是Mary說的），做事情亂七八糟，還常常改來改去，一下子叫Mary發信給

客戶，一轉頭又怪她為什麼自作主張發信給客戶，又或是叫Mary報關，事後又說因為她的報關害公司損失了好幾十萬，據Mary的說法，因為自己從沒報過關，不知道程序要怎麼跑，所以完全是依照董小姐的指示報關，最後因此遭受損失卻怪到Mary的頭上，總之就是完全搞不懂老闆在想什麼。

後來Mary受不了就提出辭呈，董小姐一開始還很和氣的說：沒關係，工作就是看合不合得來，合不來也不用勉強。請Mary把交接的事項列出來給她就好了，結果等Mary真的離職回到台灣的時候，董小姐就提告了，說Mary不肯把公司的email刪掉，要告她侵害營業祕密，還有一些文件也不交出來，要告她侵占，另外因為Mary報關亂報，害公司損失三十多萬，也要一併請求賠償。

本來聽Mary講的時候，還沒這麼深的體悟，一直到開庭看到董小姐的時候，我才知道董小姐有多奇怪。

董小姐在開庭的時候，跟法官的對話真的是有問有答，一問一答，可是回答的內容完全跟法律規定不一樣，像是法官問她為什麼覺得可以跟Mary請求損害賠償，明明Mary是根據她的指示報關的呀，董小姐就說只要是Mary做的就可以跟她求償，這是法律規定的呀！或是法官要她提出證據，董小姐就會說這個不是應該法官自己去查的事嗎？怎麼會叫當事人提供。

開完第一庭的時候，我跟法官無奈的互看，本來我還等著要看董小姐被法官電翻，沒想到董小姐上輩子有燒香剛好遇到一個

脾氣好的法官，很有耐心的解釋為什麼是當事人要提出證據，以及其實這個臺灣的法律跟她想的不太一樣，不過董小姐卻是講也講不聽，雖然沒有跟法官吵架，但表現出來的態度就是「法官搞錯了，我不想跟法官計較」，讓法官開庭時表情總是充滿無奈。隨後又開了兩次庭，每次都差不多的狀況，法官也都要求她要把證據拿出來，不然可能會敗訴，不過董小姐不理就是不理。

　　本來以為這個案子不知道要到什麼時候才能結案，卻在某日突然收到董小姐的撤回起訴狀，裡面的意思是說她很忙、沒空處理這個案件，所以要把案件撤回。

　　就這樣，莫名其妙的開啟這個訴訟，又莫名其妙的結束，我從頭到尾都沒搞清楚董小姐到底在想什麼……。

　　人生不是每件事情都有意義，我們總是會被莫名其妙的人浪費生命。

財產都被老婆扣住的風流富商

　　T先生是個白手起家，賺上好幾億財產的商人，不過他是個外表有些許藝術家的氣息，內在很浪漫的商人，尤其是經過談話之後，我就發現我的判斷沒錯，他真的是個非常浪漫的人，呃……我是指對妻子以外的人。

　　T先生很愛他老婆，把很多財產都放在她名下，雖然他是公司負責人，因為個性上不拘小節，為了方便匯款什麼的，就把公司大小章、存摺放在他妻子那裡，原本其實也沒什麼，因為夫妻相愛，彼此信任，自然是不會有什麼事。問題就出在他在前幾年遇到了一位紅粉知己，對方也是有夫之婦，因為T先生也結了婚，所以倒也不吃虧（誤）。

　　一般來說如果是外遇案件來找我的，被外遇的當事人來的時候，要不哀傷、難過，要不生氣、憤慨，而外遇的當事人則通常帶點羞愧。然而T先生的態度非常的從容，講起第三者的時候，還很大方的表示自己真的愛她，不過自己也知道總有一天會清醒，所以終究還是會回到老婆身邊。外遇的人看多了，還沒看過對於外遇這件事這麼自在，也不帶任何罪惡感的。

最讓我感到驚奇的是，T先生在被妻子發現後，還跟她說：「我還是愛妳的，我現在只是意亂情迷，最後還是會回到妳身邊的。」而當妻子要求他立刻離開小三的時候，T先生居然表示：「我現在還很愛她，離不開她，不過妳等我一陣子，我會清醒的。」

我真的很想看看妻子親耳聽到T先生講這些話的時候，臉上是什麼表情，心裡是不是在想著待會要怎麼幹掉他……。當然，T先生沒有被幹掉，不然我就得透過觀落陰的方式跟他聯絡了。

一般人的離婚，就是離婚，最多是加上夫妻財產怎麼分，以及小孩要給誰帶。有錢人的離婚就常常會多一些五四三，有的是要求返還借名登記在配偶名下的財產，有的是偽造、盜用印章偷偷把房子過戶到自己名下，有的是要確認財產到底屬於誰的，這些T先生通通都有，因為妻子在聽完他說還離不開小三的時候，就已經開始把財產通通從他名下弄走，連海外的不動產也把唯一可以證明T先生權利的文件給藏起來，然後一個月給他一萬元。

T先生第一次來找我的時候，我就建議他要快點把名下的財產處理一下，然後要對妻子名下屬於兩個人所有的財產進行假扣押，因為可以容忍老公外遇而沒有動作的太太可不是隨處可見，當時他一臉從容的不置可否，他認為妻子還很愛他，希望他回去，所以不會這麼壞。

結果幾個星期後，T先生急著要見我，見面劈頭就是問我說能不能對他老婆的財產進行**假扣押**，原來是他發現自己名下的

財產要嘛不能動，要嘛已經被偷過戶，結果他居然一個月真的只剩下一萬可以花，他還悲慘的跟我說他也不敢開車，因為他的賓士都是大車，很耗油，他要是加油的話，就沒錢吃飯了⋯⋯。

後來T先生陸續的來找過我幾次，一直沒有委任的原因是他沒有錢可以付律師費，不然他就連飯錢都沒了，看著他身上的名牌服飾，真的很讓人錯亂⋯⋯。誰說有錢人就一定吃好的用好的，還開好車？歡迎來問問T先生。

假扣押的意思是跟法院聲請去扣住債務人的財產，一旦扣住了，債務人就不能把那個財產移轉出去，主要是避免債務人脫產，否則一旦債務人名下沒有財產的話，那債權人就算打贏官司也只能拿一個債權憑證，看了徒傷心（傷心憑證）。為了避免拿到「傷心憑證」，很多人在官司開打之前就會去聲請假扣押，等扣住了再慢慢打官司。

好心可能不會有好報

當律師最大的好處是容易看清人性，因為大部分的人性醜惡面都會進法院，殺人、搶劫、放火的當然有，手足鬩牆，爭奪遺產的自然也不少，不過這些都是很容易想得到的。律師還很容易看到人性很不堪的一面。

不過這些都是當事人彼此之間的醜陋面，如果個性就是比較不講道義的，通常也不會是只有對於特定的人不講道義，常常對律師也是不講道義。

之前有個當事人楊太太是透過某宗教組織的朋友介紹的，因為這個當事人滿可憐的，從結婚後就開始被婆婆言語暴力，本來以為生了小孩之後狀況會比較改善，結果沒想到生了小孩之後婆婆的冷嘲熱諷有增無減，甚至連她的學歷比丈夫高也被拿出來辱罵，還順帶連她的爸媽一起扯進來，說她跟老公的感情不好就是因為她的爸媽感情不好，所以她也不知道如何好好經營婚姻。

那丈夫呢？就幫著婆婆一起罵她，家裡唯一可以支持她的人，卻反過來一起霸凌她，叫她怎麼不心寒？害得她是常常以淚

洗面。

因為看著她這樣也很心疼，加上她結婚後就被限制不可以出去工作，所以經濟上也很拮据，律師費對她來說是個很大的負擔，於是就建議她去申請法扶律師幫她。但是她卻很堅持不要找不認識的律師（似乎是有聽到不好的傳聞），而且打聽到有某個婦女救援組織有提供律師費補助，她只要負擔一部分律師費，所以她還是強烈的希望我能接受她的委託。

一來是虛榮心作祟，人家這麼相信你，怎麼還好意思不接案呢？二來她也確實滿可憐的，心裡總想幫她一把，於是就還是同意接受委託。雖然她可以申請律師費的補助，不過因為還是有自付額，因此她還跟我殺價，希望可以算便宜一點，我當時也沒經驗，又想說當作做好事，就同意降價，還少收了五千元。

向法院訴請離婚並請求賠償之後，本來以為會是一場惡戰，沒想到調解的時候（離婚案件會先調解，不管當事人有沒有調解的意願），老公帶來的律師乾乾脆脆的同意離婚，而且小孩歸女方，這麼好講話的對造讓我備感意外。除了離婚之外，這個案件還有損害賠償的問題（精神慰撫金），面對我方提出的條件，除了有稍微作個樣子的的討價還價以外，所有的條件幾乎都依我方的意思，很順利的就和解離婚了。

本來我還很慶幸有幫助到需要幫助的人，內心充滿喜樂呀，沒想到她隔天就跑來事務所，要求退錢，還說我當初有承諾她說

如果和解的話，就退錢給她。前面也提到，律師大部分的工作像是跟當事人開會、研讀案例、分析案情等等都是在進入程序前就做了，所以基本上律師費是不會退的，而且我從來沒有退費的約定，她突然跑來要求退費根本是無理取鬧，於是就直接拒絕她。

要求退費不成，她就死纏爛打，天天打電話問候，最後我受不了這樣天天問候，想說花錢消災，就退了一部分錢給她，她才沒再打來，改去煩我的助理，三不五時就跑去找助理要資料，還要助理幫她影印，直接把律師事務所當免費的影印中心，還有免費的助理幫她打雜。助理太老實，一開始都沒說，一直到某次我不經意看到楊太太跟助理坐在會議室裡不知道在講什麼，才知道這件事。

我打電話問她是怎麼回事，她說前面才跟先生離了婚，也拿到監護權，先生後腳立刻就聲請監護權改定，她才一直找助理拿資料，其實我每一份資料都有給她電子檔，她自己直接印就好了，為什麼還要找助理要？結果她死不承認有拿到資料。在跟她通話的時候，助理默默的拿出往來的信件紀錄，證明所有的資料都給了她一份電子檔，而且也都有告知她，她就是堅持要助理印一份給她。

我大概也猜到是怎麼回事，無非就是想省影印費用，才大老遠跑來盧助理，最後我衡量了一下利弊得失，就叫助理用電子檔印一份紙本給她，叫她不要再來了（不要浪費助理的時間），

還交代助理說如果她再來的話，就叫我出來，後來有一次她又來了，不過等我出去的時候，她已經不見了，助理說她一聽到要叫我來的時候就一直推說不用麻煩律師，是助理堅持去叫我，大概是怕被我罵，就偷跑走了，不過後來就再也沒看到她了。

　　律師當久了，對於人性就不是這麼有信心，當我們願意主動伸出援手去幫助一些人的時候，受幫助的人不見得會感激你的協助，甚至常常會當成他應得的，一旦有利害關係的時候，也不時會看到當初接受幫助的人，毫不猶豫的反咬一口，經過這個案件，我後來在面對需要幫助的當事人時，總是會猶豫再三，不知該否伸出援手……。

律師費是不能退費的

臺灣的律師費相較於歐美，自然是沒得比，就算跟鄰近的亞洲國家，也是在同等開發程度國家裡最低的，像是日本、韓國、香港、新加坡甚至中國的律師費用也都比臺灣高出數倍，

另外無論是國外或是國內，基本上律師費都是預付的，原因很簡單，像律師這種提供服務的行業，不像買賣物品一樣，還可以退貨，一旦提供服務了，就收不回來了，實務上多的是律師打完官司後，當事人無論滿意或不滿意，都有可能哭窮、或是相應不理，死都不肯付律師費，因為深知打官司本身就是一件麻煩事，所以除非很金額很高，不然律師也懶得再花時間去打官司追討，尤其是有的當事人可能早就脫產了，就算打贏官司也沒用。

因此絕大部分的律師都會要求預先支付律師費，通常也是要付了律師費才會開始處理案件，像是案件相關的法律問題的研究或是撰寫訴狀、律師函等等，都是付了錢之後才會開始進行。

不過凡事總有例外，如果是遇上上市、上櫃的大公司，或是比較重要的客戶（委託很多案件的客戶）而且是之前已經有合作過的，有時在比較緊急的狀況也是會先處理再收費，不過要嘛是律師期待後續會有穩定而且比較多的收入，或是已經有信任基礎

的客戶才比較可能在沒有收費的狀況下先處理案件。

　　另外大部分的律師費也是不會退費的，其實原因很簡單，基本上一個案件最花時間的就是在前階段的開會跟法律問題的研究，一旦案件研究好了，後續大致就是跟著事先擬定的訴訟策略走，在過程中就是再視狀況調整，雖然不排除可能有進入訴訟中期後突然有重大轉變導致需要花很多時間重新研究案情的情形，但畢竟是少數，也因此如果已經進入訴訟的時候，基本上律師80％的工夫都已經完成，還要律師退費也實在是為難律師。

　　通常律師都會在委任契約上面約定「不退費」，不過因為有時會遇到很盧的當事人，律師也不想花太多時間在處理這種事情上面，所以有的律師則會意思意思退一些給當事人，但這種也是限於還在訴訟前期的狀況，如果是到訴訟中期以後，基本上律師該花的時間都花下去了，要再要求把律師費再吐出來，也是有點太過分了，所以在確定委任之前，一定要考慮清楚，免得錢花下去了，卻找到不適合的律師，到時要再要求退費就是難上加難了。

消失的五年

　　一般來說接受委任之後，律師就應該把案件處理完成，這也才符合律師的職責，雖然有時會聽到有律師收案之後沒有好好處理，導致當事人的權益受損的情形，不過至少都是會陪著當事人把案件走完程序，但偶爾也會遇到沒有辦法把案件辦完的。

　　如果是刑事案件的第一審，因為被告一定要出庭，不然法官不能判決，所以如果當事人是被告的話，只要被告跑不見了，這個案件就得掛在那裡，等法官透過通緝把人抓來開庭才能結案，不過如果跑掉的是告訴人或自訴人的話，基本上法院還是可以繼續進行程序，因為告訴人出庭是權利，除非被轉為證人，不然並沒有出庭的義務，而自訴案件的話，除了自訴人並沒有出庭的義務外，也因為自訴是一定要委任律師才可以提起的訴訟程序，所以也一定有委任律師當自訴代理人，而律師又不太可能故意不出庭，所以原則上也不會影響案件的進行。

　　而在民事訴訟程序，因為無論當事人有沒有出庭，法院都可以繼續進行訴訟程序，所以也不會有案件沒辦法結案的情形。

　　那為什麼還會有案件沒辦法辦完呢？主要是一些一定要當事

人配合的程序，像是前面提到的當事人跑路的情形，如果刑事被告在第一審或是偵查中逃跑的話，在抓回來前都沒辦法結案，律師自然沒辦法把案件辦完。

另外還有一些比較不是屬於訟訴的程序，像是辦理消費者債務清理條例的案件或是公司解散等等，因為很多資料都是需要當事人提供，在當事人提供完整資料之前，法院或是行政機關也是沒辦法配合完成相關的聲請或是程序的。

之前接過一件公司解散、清算的案件，一開始就說好是處理公司解散的程序，因為不知道要辦到哪一步，所以也就約好分階段付費，收了第一部分的費用之後，我交代當事人配合提供相關的財報資料。

就這樣等著等著，一開始當事人也常常跟我密切聯絡，不過隨著時間的過去，當事人愈來愈難找，到最後就完全找不到人影，而我把所有的相關資料都已經準備好，就等著當事人提供的資料到齊就要提出聲請，結果某一天我要聯絡當事人的時候，才發現已經完全找不到當事人，連電話也停用了，我也不得不停止相關的準備，相關的資料就只能擺在資料櫃裡。

本來想說這個案件可能就這樣胎死腹中了，大概過了四、五年，我在整理卷宗的時候看到這個案件，還想說這個案件應該也不會繼續進行了，考慮要不要把卷宗銷毀，計畫要把一些過期的卷宗都處理掉，不過想著想著就發懶了，就又把卷宗丟回檔案

櫃，然後就忘了這件事。

　　結果又過了三、四年，那個失蹤的當事人居然打電話來找我了，一開始當事人打來的時候，我還想不起來是誰，後來仔細回想了一下，才想起來原來就是那個失蹤的當事人。

　　原來他後來被老爸叫回去幫忙家裡的公司，原本要結束營業的公司就不管了，反正也沒什麼用，就沒再理它（有想過律師苦苦等候的心情嗎？），這次則是因為被以前公司的債權人提告，想說我手上可能還有一些有用的資料，才會再聯繫上我，不過當我把資料調出來，掃描給當事人後，當事人就又不見了，過了幾個月再打給他，電話又變成空號了，如果不是有電話紀錄及寄件備份，他的再次出現就好像一場夢一樣，一點痕跡都沒有留下⋯⋯。

　　處理案件是看緣份的，不是你努力就會有結果，有時候是別人的問題，不要太責怪自己，共勉之。

性侵女兒的爸爸

　　如果問我對哪一個案件的印象最深刻，那我一定會說是那件爸爸性侵女兒的案件。

　　當初還在當受僱律師的時候，老闆接到一件先生被太太提告的案件，突然叫我進去一起開會，因為當事人的媽媽在開會的時候看起來一派輕鬆，只說是夫妻吵架，太太才會跑去告先生，而當事人則是沉默不語，等到提到被告的罪名的時候才說是當事人對自己的女兒性侵，因為當事人的媽媽一直強調說根本不是那麼一回事，是小孩的媽媽在亂講，當事人只是跟小孩在玩而已，當事人還是一樣沉默不語。

　　因為當事人跟他媽媽的態度，讓我一開始就認定是當事人的太太想要離婚，然後叫小孩陷害當事人，說他性侵，於是在第一次跟當事人單獨開會的時候，我還安慰當事人說小孩容易被誤導，講的跟事實有時候會差很多，只要沒有做的話，就沒有什麼問題，當事人也沒有直接反駁我的話，一直到第二次開會的時候，當事人才淡淡的說他有跟女兒玩，可能有讓女兒摸他的生殖器官。

我楞了一下，請他再說一遍，他依然面不改色的再重覆了一次。他面不改色，我倒是大變臉色（也是大便臉色），因為內容太震憾導致我一時無法聚焦在法律層面上，急忙跟他確認到底幹了哪些事？

　　這位當事人就像擠牙膏一樣，一次說一點，一點一點慢慢講出來，等到他全部坦白的時候，已經開了三、四次會議了，每次都刷新我的三觀。以往總覺得所謂的獸父不過是媒體的渲染，經過這個案件之後，我才對人性有全新的認識。

　　不過這個案件除了當事人的行為讓我得好幾次停下來整理心情，又或是半夜想到案情而睡不著外，妻子的態度也讓我有點不知所措。一開始聽到妻子在知道先生的劣行後，馬上帶著小孩搬離家裡，並且提出性侵告訴、申請保護令並且要訴請離婚，覺得應該是聽到女兒被自己的先生侵犯，心理遭受到很大的打擊，一心想保護女兒，必然是一個很愛女兒的媽媽，因此面對妻子的時候，總是多少有點擔心她不肯妥協，不要和解、不要錢，只想先生遭受到應有的報應。

　　不過在開始進行離婚訴訟的調解程序的時候，卻發現妻子除了要離婚之外，也要求先生賠償，一開口就是一棟房子，還要主張「剩餘財產分配請求權」，雖然房子是要求登記在女兒名下，不過女兒才小學五年級，還有十年是需要由媽媽代管，實際上的所有人恐怕是媽媽。而且在先生希望降低和解的代價後，妻子卻

表示房子、金額不退讓，但是可以考慮在性侵案件中，向法官求情，讓法官判輕一點。

調解現場就像個菜市場的殺價實錄，一邊是當事人的太太在漫天喊價，另一邊是當事人的媽媽在幫忙殺價，而擺在架上的則是受害的女兒。

這個案件後來我並沒有處理完就離開原本的事務所，辭職後想到可以不用處理這個案件，鬆了好大一口氣，雖然律師們常會說就算是壞人也有請律師辯護的權利，不過在真的遇到這種案件的時候，也發現自己真的不是那種可以拿鈔票蓋著眼睛去幫忙壞人為非作歹的人，既然沒有這個屁股，我也不想繼續吃那個瀉藥，掛冠求去也讓我重新思考自己律師生涯的走向。錢可以不賺，就是不想半夜睡不著覺。

不要問我，去問老闆

　　我曾遇過一個當事人，雖然是自己的案件（還是刑事案件！），卻什麼都聽老闆的，每次開會時問他採取某個策略好不好？他總是會說：「要問老闆」，問他要不要跟對方和解，他說「要問老闆」，問他什麼時候開會，他說「要問老闆」，最誇張的是連要不要認罪都要問老闆！

　　後來我才知道原來整個案子都是他老闆搞出來的，老闆才是幕後的黑手，律師費當然也是老闆出的，所以不管什麼都要問老闆。

　　另外還有一種當事人，雖然不是什麼都要問另一個人，不過卻是問什麼都沒意見，都說就依律師的建議就好了，感覺好像不是他的案子一樣，一副「事不關己，己不關心」的樣子，要他提供什麼資料總是要三催四請，最後還會搞失蹤，有時我都比他還急。

　　不過這種也不是最誇張了，還有一次我接到一件義務辯護的案件，被告從頭到尾都聯絡不到，在開庭的時候，法官還直接跟我說他們也一直聯絡不到被告，請我依照法院卷宗內的資料進行

辯護就好了，所以這個案件我就在從頭到尾都沒見到被告的狀況之下，依照自己的「創造力」想像事情發生經過，然後再依照這個想像出來的案情來辯護，這個案子打完後，我對於自己的創作能力又更有自信了唷！

信律師還不如信自己的親友

　　一般來說，訴訟的進行，大致上是由律師在掌握，不過常常會有當事人自我感覺良好，覺得自己打個幾個官司，就久病成良醫了，遇到案件就會想要自己處理，這種的算還好，反正自己打的官司自己負責，打贏了好棒棒，打輸了也怨不得人。

　　不過還有一種人就很奇怪，覺得自己打官司很厲害，但是又要委任律師，跟律師討論的時候就要求律師要依照他的想法去打官司，這種大多是因為之前打過不只一件官司，就覺得久病成良醫了，有時還會瞧不起剛出道的小律師，覺得他們經驗沒自己豐富。

　　之前有遇過一件法扶的案件，那位法扶當事人來開會的時候還帶了一個「朋友」來，這位朋友自稱有很多訴訟經驗，甚至自己還開了法律事務所，下面也有配合的律師，這個案子其實也不關他的事，只是他看不慣對造平日的所作所為，於是就要幫這位法扶當事人，而法扶當事人對他也是言聽計從。當時因為也不知道對方的底細，就對對方客客氣氣的，反正我只是想要好好處理案件而已。

不過開始處理之後，當事人就不停的轉達這位朋友的「指令」，要求我要做這做那，還會不時的轉達這位朋友要提問的問題……或是質疑。

　　雖然我不太喜歡跟當事人打壞關係，不過這個案件到後來這個朋友居然要求我照他講的去做，我也不斷的提出建議說這樣主張不恰當，尤其是對這個當事人很不利。最後我堅持要保護當事人的利益而拒絕這個朋友的指揮，結果不到一個星期，法扶就通知我說當事人要換律師，不過因為這個案件只要再開一庭就會結案了，法扶就請我先處理完再說。後來判決下來，對於當事人已經算是很不錯的判決結果，在缺乏證據的情況下，借款只需還一部分，不用全還。我把結果通知當事人後，那位朋友表示對於結果不滿意，覺得我沒有盡力，要另外找律師上訴，在這個朋友的指示下，當事人堅持提上訴，結果後來上訴被駁回……。

　　後來我也覺得不能怪這位當事人，畢竟他的朋友是他認識的人，而我也不過是法扶指派來幫他的律師，比陌生人沒好到哪裡去，自然對我沒什麼信任感，就算我在案件上再怎麼努力，也比不上這位朋友的一句話。也因為這樣，後來我也更努力經營跟當事人關係，畢竟律師與當事人應該是戰友的關係，如果打仗的時候沒辦法信任自己的戰友，那仗怎麼打得贏？

比律師還謹慎的當事人

一般來說當事人總是不想找律師，因為要花錢，所以常常是等到已經沒辦法處理的時候才委任律師。不過也有人的觀念比較健康，了解提早找律師可以避免後續麻煩的擴大，通常在有法律疑慮的時候就會找律師諮詢，然後採用律師的建議。

但也有一種人是過分的小心，講白一點就是怕死，動不動就找律師諮詢，沒錢的就找免費律師，於是造成全台各法院的免費諮詢櫃檯常常大排長龍。有錢的就直接去找熟悉的律師，通常如果跟律師比較熟的話，問一些法律問題，律師也不好意思收費，而且至少可以確認有沒有法律上的風險。

先前有個當事人透過介紹來跟我諮詢，主要是他有個風扇賣給美國的經銷商，結果產品出事，造成有人傷亡，他十分擔心會不會追到他的頭上。我評估了一下，因為美國的經銷商有投保商品責任險，基本上會由保險公司賠償，而且他的公司是個資本額很小的公司，保險公司應該也懶得花大筆的費用跨海對他提告，於是就跟他說這個案件雖然可能需要賠償，不過應該不太會追到

臺灣來，他最多就換一家公司做生意就好了。

　　不過他還是十分擔心，一直希望我再提供多一點建議，我想了一下就說，其實沒什麼必要，但如果他還是覺得心裡過不去的話，可以進行資產移轉（就是脫產啦）或是結束公司營業，如果名下沒有財產，就不怕被強制執行，就算官司打輸了也沒關係（是不是很壞？這才是律師的日常），如果結束公司營業，會增加訴訟過程的複雜度，保險公司可能就更懶得提告了。

　　不過我還是再三提醒，其實沒什麼必要這樣做，主要是提供一些讓他可以比較安心的做法。他說他之前也有去諮詢過跟他們公司同一棟樓的律師事務所，那個律師就只有跟他說這個不用擔心，就把他打發走了，只有我肯跟他講這麼多，因為他一點風險都不能冒，所以還是會依照我的建議去做，也希望我幫他處理後續的訴訟。雖然這個錢賺得容易，不過我內心還是有點良心不安（對，律師也有良心，有什麼問題嗎？），還是跟他說以他的情形，其實不處理也沒事的。

　　在他的堅持下，最終我還是接受了他的委任，也如我所預料的，大致上沒什麼事情要處理，最多就是翻譯英文的訴訟文書讓他了解目前的狀況如何，讓他省了在美國請律師的費用，也算是對他有點幫助啦，不過我一直覺得這個案子是心理諮商，他付的其實是心理諮商的費用，花這個錢只是讓自己比較安心而已。

　　不過仔細想想，這就跟買保險一樣，就算知道飛機掉下來的

機率比開車在路上發生車禍的機率還低，我們不也還是會買個意外險、旅行險嗎？這個當事人不愧是做生意的，已經看透了事物的本質了呀。

使用法律顧問服務要「精打細算」

　　一般來說，法律顧問大致上就是像繳年費的方式，法律顧問在一年內提供法律服務，像是寫律師函、存證信函、幫忙審閱契約有沒有什麼問題，或是乾脆擬一份新的合約，另外公司內部的法律問題（勞資糾紛等），或是公司跟別人的法律問題，都可以請法律顧問提供法律意見。

　　不過律師也怕客戶一大堆事情會花律師很多時間，因此大部分律師都是規定一年內只有固定的時數譬如十個或是十五個小時可以使用，一旦超過時數，就會請客戶另外付費購買時數。也有的律師事務所（通常是比較大型的事務所）的法律顧問是沒有期限或是比較長的時期，不過會要求客戶購買五十或是一百個小時先放著，等於是預繳費用購買時數放著慢慢扣，像是預付卡的概念，不過這種畢竟算少數，大部分的律師都還是採用一年有多少小時的作法。

　　有些客戶，像是新創公司，因為草創初期可能也搞不清楚自己要什麼，看比較有規模的公司都有法律顧問，所以也會想要找個法律顧問，不過公司草創，錢也不多，就會想找便宜的法律顧

問，一般來說，要含時數的法律顧問，幾萬元是跑不掉的，如果是那種一、兩萬元的法律顧問，通常只有提供電話法律諮詢的服務，如果要審閱契約或是發律師函什麼的，都是要另外收費的。

不過新創公司的老闆也常常是沒經驗或是年輕人，可能也搞不清楚狀況，想說有就好了，要嘛是繳了一年之後，也完全沒有使用到法律顧問，因此在第二年之後就不再續約，想說可以省點錢，要嘛是真的要用到法律顧問的時候，卻發現什麼都要錢，在抱怨一堆之後，因為要省錢，所以也不請律師幫忙，就自己亂搞，運氣不好真的出事的時候，就只好再回頭找律師，繞了一圈還是得找律師幫忙擦屁股……。

另外一種情形是小公司因為經營的不錯，開始要擴張的時候，想要制度化，就會找律師來幫忙設計人事規章，來建立公司制度，不過在發現原來法律顧問費也是要個幾萬元的時候，就會斤斤計較費用，先是要律師降顧問費，然後再拚命拗時數，希望多給一些時數。

不過有趣的是因為這種公司大都是一開始需要建立制度，所以會用掉大量的時數，等制度建立之後，其實會用到律師的地方就不多了，因為這種規模的公司在交易的時候，常常連書面契約也沒有，自然不會需要審契約，而如果有交易糾紛的時候，他們也不想跟客戶打壞關係，所以當律師建議要發函或是提告的時候，常常也是不太願意，最後就是私下和解，也不太需要律師，

因此在年度結束的時候，常常還會剩下許多時數沒有用完。通常這種時候，大部分的公司可能就算了，不過有少部分的老闆就會想要物盡其用。

有次客戶在法律顧問只剩一個星期的時候，我詢問是否繼續續約，老闆第一個反應是詢問還剩多少時數，問完之後就丟了一份分量頗大的契約給我，要我在星期一要交給他，他傳給我的時間是星期五下午四點多，擺明就是要物盡其用，要把時數使勁的用完。然後當我犧牲了假期幫他審閱完契約，他連一句謝謝也沒有，只說了 ok，然後就再也沒有下文了，連我再次確認是否續約的訊息也是被已讀不回。

不過這種還算好的，我還遇過一個客戶，是我當受僱律師時的客戶，因為是前東家的客戶，我也不好主動接觸，在我自己開業後的第三年，這個客戶突然跟我聯絡，說他有法律問題要詢問，我說我已經離開之前的事務所了，請他去找前事務所的律師，客戶就說他比較信任我，希望我幫忙看個文件，我無奈的說他們的費用是付給事務所，不是我，而且最重要的是他們的法律顧問早已在我還沒離開前東家的時候就已經到期沒有續約了，怎麼看都不應該找我。

也不知道他們是覺得我比較好拗，還是真的比較信任我，一直纏著要我幫他們，還滿口承諾說他們公司又要請法律顧問了，之後一定找我，我當時也才開業沒多久，想說服務一下，加減有

機會，結果就在我幫忙完之後，這個客戶就再也沒出現過了，嗯，這就是人生呀……。

　　其實考上律師之後，身邊就不乏這類想要來免費諮詢的親友、親友的親友、親友的親友的親友，有次最遠的是某個不熟的朋友的先生的同事的太太說要找我免費諮詢，嗯，這一樣也是人生呀……。

有錢的教授也是有可能會賴帳的

　　一般來說，律師比較喜歡接有錢人的案件，因為除了熱血的伸張正義外，也是需要有收入才能維持生活，說實在的，雖然臺灣的律師費偏低，不過對於很多沒有接觸過訴訟案件的家庭而言，動輒數萬、十幾萬甚至是數十萬的律師費也可能是一大筆錢，如果沒有先收律師費的話，常常案子結束之後就收不到了，不過如果是有錢人的話，他們的重點通常是在案件有沒有辦好，而不是費用的高低，只要費用是他們負擔得起的，大都不會太計較，也很少遇到會賴帳的。

　　不過樹大有枯枝，人多有白痴，有錢人裡也不是就沒有會賴帳的。

　　我曾經透過合作的學校認識了一位教授，據朋友說這位教授其實身家上億，根本不缺錢，到學校教書只是興趣而已，不過因為在業界的成功，也讓他在學校裡也小有名氣。

　　當時介紹人是說因為教授有個弟弟跟人合夥開了一家公司，因為經營不善，都快倒閉了，當哥哥的想說自己發達了，就想幫忙一下弟弟，於是就打算幫他好好管理一下，由哥哥負責經營公

司，弟弟負責工廠事務，分工合作，聽起來是滿美好的。因為要擴大營業，所以想說找個法律顧問，於是就這樣跟我搭上線。

當時教授對於我開的費用是一點猶豫也沒有就簽約了，付錢也非常爽快，不僅沒有拖拖拉拉，甚至還提早付款，讓人覺得十分安心。

因為公司之前的經營真的很有問題，到處欠債，教授就決定幫他逐筆處理，把所有的債務資料都交到我手上，我也幫忙梳理出來，哪些錢該還，哪些錢其實不用還。不過因為弟弟的經營實在是太烏龍了，連自己有沒有欠錢都搞不清楚，所以我雖然把手上的債務資料整理出來，卻一直有其他的債權人來提告，只要問弟弟，弟弟就會扯一堆五四三，然後說自己沒有欠這筆錢。連弟弟的合夥人也趁弟弟不知情的狀況之下，把弟弟的專利權轉讓出去，總之是一筆又一筆的爛帳。

我處理了這麼多爛帳，時數當然很快就用完，跟教授報告的時候，教授還打包票說：「你就先做，後面再一起結，我不會欠你的。」，我想說教授身家上億，怎麼會欠這種幾萬元的顧問費，於是也就安心的繼續做下去。

結果後來兄弟倆鬧翻，教授撒手不管，當我看情況不對，要跟教授請款時，教授居然說：「簽約的是公司，跟我個人無關，要請款就找公司請款。」死也不肯付我的顧問費。後來被我催款，居然說他現在錢都在老婆那裡，一天只拿得到幾百元的飯錢，他

會慢慢存，等存到兩萬元的時候，就會付這筆費用了。我這才發現，不管再有錢，也是有可能付不出律師費的唷！

一切依照律師建議辦理？

　　一般人可能會覺得律師通常會很受到尊敬或是至少是有禮貌的對待，至少委任律師的當事人應該是這樣，否則怎麼會委任這個律師？

　　我本來也是這麼想的，不過等到接觸的當事人多了之後，才發現根本不是這麼回事。

　　那些時不時就對律師沒什麼禮貌，甚至是會放律師鴿子的法扶當事人就先不提了，即使是自己花錢委任案件的當事人也不見得對律師畢恭畢敬，畢竟律師地位崇高的「三師」時代已經過去很久了……。

　　我曾經遇過一個當事人因為以前在臺灣的時候欠了一屁股債，跑去國外後，經商有成，於是返台居住。她一直都很小心的把錢都放在國外，就算匯回國內也是都用親友的帳號，本來都相安無事，直到債權人查到她在台灣的某金融帳戶裡居然有新臺幣一百萬元的資產，就跟法院聲請扣押她的資產。我因為在諮詢時發現她的案件在程序上似乎有些瑕疵，可能有機會可以要回那一百萬元，她聽完後自然是像抓到一根浮木一樣的開心，在委任

的時候也對我相當客氣，而且一直表示對我的信任，不過當時我倒是沒想到這卻是一場折磨的開端。

在我同意接受委任後，這位當事人連同她的兒子就開始對我有各種不信任，深怕我會陷害他們似的，處處提防。

像是一般來說在訴訟上遇到需要做決定的時候，律師只能提供建議、分析利害關係，最後還是得請當事人自己做最終的決定。而當我詢問當事人跟她兒子的意見時，她兒子卻一直左閃右躲，不願正面回覆我要採用哪一個方案，不停的重覆說：「就依照律師的之前在開會時的建議」我：「這個之前開會的時候沒討論到，不過依我的建議A方案可能會@$%@$%#，B方案可能會%^#$%^^#$%，各有優缺點，要看您們比較在意哪一個部分。」當事人兒子：「就依照律師的之前在開會時的建議辦理。」無限循環……。

又或是在訴狀提出給法院之前，律師通常會先讓當事人過目，當事人同意了才會把訴狀提出去，免得當事人事後跑來質疑律師說為什麼要這樣跟法官講。我也是依一般程序把訴狀給這對母子，結果一樣獲得「就依照律師之前在開會時的建議辦理」的回應。似乎是覺得如果正面回應律師，律師可能就會把什麼責任丟到他們身上，或是他們就會有什麼權益被騙走了……。

此外，在整個訴訟過程當中，當事人也是不停的碎唸，而且還從來都沒搞清楚自己的案件到底是在幹嘛，只知道贏了就可以

把錢拿回來，而只要我提醒可能有的風險，當事人就會立刻拉下臉來指責說我之前開會的時候都不是這麼說，甚至意有所指的說我還年輕，做人不可以為了錢就什麼話都講得出來……。

最後我終於受不了這樣的一對母子，直接跟他們說我要解除委任，會把律師費全額退給他們。一般律師費是不會退費的，或是會扣掉已經進行的程序的費用後餘額退還，不過我實在太想擺脫這對母子了，基本上是認賠出場。

從那一刻開始，那對母子就瘋狂的在Line上面或是透過通話的方式要我立刻把律師費退還給他們，甚至我表示為了避免自己沒賺到錢還要繳稅，所以要請他們簽一張無償委任聲明書，可以見面時一邊簽一邊交款。結果他們一聽到我不肯先還錢，就又開始發神經似的指責我要賴他們錢，我應該要先還錢他們才要簽，開玩笑嗎？錢還了之後你們不簽怎麼辦？

最後我為了快點擺脫這對母子，就要他們到事務所來簽聲明書，同時當場把錢退給他們，才終於徹底擺脫這對母子，並且立刻封鎖他們兩個的Line，免得哪天他們想到又來精神轟炸。

後來發現很多當事人對於律師講的話都有自動過濾的功能：

說他們可以拿回錢 ➔ 聽到！

但是如果對方怎麼講的話，那我們可能會拿不到錢 ➔ 沒聽到！

如果程序順利的話，大約半年左右可以結案 ➜ 只聽到「大約半年可以結案」。

　　起訴後要先繳完裁判費，然後打贏官司，再經過強制執行之後，錢就可以拿回來了 ➜ 只聽到「錢可以拿回來」。

　　所以比較有經驗之後，都會把跟當事人確認的事情用Line的對話紀錄或是e-mail往來留下證據，免得日後還得跟當事人「揮」半天……。

那個有名的團體跟我也是有點淵源

101 大樓前面還有其他幾個大陸人會去的台灣景點常常會有一群人在練法輪功，有很多海報在控訴中共迫害法輪功，有時候新聞還會報導這些法輪功的人跟某個團體的人起衝突而被毆打或是謾罵。而這個台灣最著名的共產理念支持團體跟我還有點淵源，我曾經幫那個團體的人辯護過，而且還是團體的高層喔！

其實林小姐這個案件法扶是派給我的，一開始我也搞不清楚林小姐是哪位，是啦，當然知道這個團體，不過裡面有誰倒是從來也沒注意過，所以一開始看到人的時候，完全沒有任何的反應，就是一般的法扶案件當事人，第一次見面，討論案情，問完筆錄，然後回家。

本來以為只是某個小黨的候選人，後來回辦公室後隨口跟同事提起才知道原來是這麼有名的人物，說真的，政治立場雖然不同，不過工作歸工作，該做的還是要做。

不過我有個習慣，聽說跟其他法扶律師不太一樣（林小姐說的），就是無論是自己的案件還是法扶的案件，都會在開庭前先跟當事人開會討論。林小姐說她以前找的法扶律師都是開庭當天

到法院後才跟她稍微討論一下案情，從來沒有一個律師是在開庭前還特地約時間開會的，其實我是在猜會不會是之前的法扶律師因為政治立場不同，才會這麼隨便，不過我還是安慰她說應該是律師覺得很有把握的關係……。

後來她說她跟她們團體的領導誇獎我很認真，所以連領導也跟法扶指名要我當他的扶助律師，於是我一下子就變成政黨團體的專用律師了（我真的不想呀呀呀！），這就是人生，不是嗎？明明不認同他們在外面的所做所為，可是為了維護他們憲法上的基本人權，還是得盡心幫他們辯護。有次開庭還開到凌晨四、五點才從法院離開，都覺得快要看到人生跑馬燈了……。然後領導要進去開庭的時候，還對著媒體的鏡頭高喊中國共產黨萬歲，我整個臉都綠了，一直在閃鏡頭，不想被拍進去，幸好都已經深夜了，沒什麼媒體在現場。

不過後來發現其他共同被告有好幾個人的證詞對他們十分不利，加上證人眾多，口供難免不一，為了獲取減刑的機會，我就問他們有沒有考慮認罪，沒想到話還沒說完，林小姐就激動的不停反駁證人所說的話，我說那沒關係，我們就採用不認罪的訴訟策略，沒問題的。結果隔了幾天，法扶就打來說林小姐跟領導都要更換律師，說因為我要他們認罪，所以他們要把我換掉。聽完也覺得十分傻眼，當時我還剛好正在打他們的訴狀呢。

總之我就是從集寵愛於一身的政黨團體的御用律師，一下子

變成被唾棄的法扶律師……。

　　人生總有大起大落，律師生涯也一樣，我就是這麼能屈能伸！

　　不過從與林小姐的交談中也發現，她是個很聰明的人，顯然也很清楚自己在做什麼，自然不像在電視上被拍到的那樣瘋狂又蠻橫的形象，也不知道是故意要去裝成那個樣子，還是被媒體醜化，不過無論如何，新聞裡的形象基本上不代表這個人的真正的樣子，果然凡事不能只看表象呀。

說我懂了但其實我不懂

　　以前就聽過一個資深的律師說：「十個當事人講話，有九個沒有講實話。」當時還沒什麼感受，但隨著執業的時間久了，就不得不愈來愈認同這句話。

　　基本上大部分的當事人就算是已經委任律師了，通常都還是會對事實有些隱瞞或是誤導。這也是人性，人通常會有意或無意的為自己辯護，隱惡揚善不知道是不是用在這裡……。我在執業生涯中也常常遇到這種事，常常事實的真相不是你的當事人告訴你的，而是法庭上坐在對面的對造律師或是坐在上面的檢察官告訴你的，這就是人生……。

　　其實不能說當事人騙人，至少大部分不是，主要是因為當事人因為事事關己，當然很在意，有時候是怕律師不肯幫他，有時候是覺得某些對他不利的事情不是重點，因此前者有意，後者不小心的就沒告訴律師。通常律師遇到這種情形的時候，大都是一笑置之，反正案子是當事人的，他自己要承擔「突襲」自己的律師的後果。

　　不過有幾次我真的是被當事人給惹火了，直接把當事人痛罵

一頓。

老皮是個難纏的當事人，給錢給的很阿莎力，但需要花很多時間來經營，因為跟他討論案件時，他都要求要見面談，而且後面不能有其他行程，不然他會覺得太趕，別人開會通常一小時以內結束，跟他開會則是每次都得特別空出三、四個小時的時間才可以。為什麼需要這麼久的時間？因為他常常不懂我要表達的意思。

處理一般案件的時候，通常是跟當事人開完會，確認想法之後，就先擬一份訴狀的初稿給當事人確認，因為先前已經有討論過了，所以大致上應該就是細節上的調整，也比較不會有什麼大變動。

不過老皮不同，雖然已經花了三個小時跟他討論案情，每一個重點也跟他確認希望怎麼表達，也說明了他的意見跟法律不合的地方，並且讓他點頭認同了，可是當他看完訴狀之後，就會把訴狀的內容亂刪亂改，後來才知道其實他在開會討論的時候，根本沒搞懂我的意思，所以開會時的「點頭認同」都是一場美麗的誤會，然後在看到訴狀時，也不太了解訴狀上面文字的意思，於是就亂猜亂刪亂改，然後就得再花兩、三個小時跟他說明訴狀上的文字是什麼意思。

這些都算了，每個人的理解能力不同，不能怪他，不過後來卻被我發現他沒有說實話。當初他來找我的時候，是說人家欠他

貨款不給，我看了案情覺得也沒什麼複雜度，買賣契約有了，交貨的證據有了，交貨的日期對不上，老皮說是因為要付預付款他才出貨，對方沒依照時間給預付款，所以他沒辦法依約定日期出貨，說法也很合理，於是就用比較便宜的費用接受委任。

結果開庭的時候，對方一下就丟出一份協議書，上面說老皮同意用原本應該付的 1/10 的金額處理這事。開庭後老皮說協議書上面的根本不是那個意思（我左看右看，怎麼看都像是那個意思呀），這樣也算了，結果第二次開庭的時候，對方又說老皮交的貨有問題，所以才會同意減為 1/10 來處理。我看向老皮，他滿臉心虛。

過了幾天，又收到對方的答辯狀，說他其實一開始就把預付款付完了，根本沒有預付款沒付的情形，最後我把老皮找來，在逼問之下，才知道對方說的都是真的，當初只是不想沒面子，才沒把全部的實話說出來，我氣得好幾天不想跟他說話，最後趕快改變訴訟策略，力求跟對方和解，真不知道對造看我跟老皮是什麼感覺，瞎忙一場，然後什麼好處也沒得到。

所以到後來當事人跟我說的話，我在沒看到證據之前都是相當保留，不再隨便相信當事人的說法，當事人的嘴是騙人的鬼……。

Google專家

　　其實各個專業領域的人都有個共同的特性：不喜歡其他人拿網路上的資訊來跟你討論。

　　現在網路很發達，大部分的資訊都可以在網路上找得到，包括原本是屬於專業人士才會知道的事情，現在也有很多可能專業，可能不專業的人在網路上分享，包括醫學、會計，或是法律等等，網路上都充斥著各種醫學、稅務或是法律這種原本的「三師」才能駕馭的專業知識，也像「昔日王謝堂前燕」一樣，現在都透過網路「飛入尋常百姓家」，普羅大眾只要願意花時間，就可以從網路上得到很多相關的資訊。

　　But，人生就是這個But，網路上的資訊良莠不齊，有時到底是不是律師或是其他有法律專業的人寫的，根本無從確定，更別說資訊內容到底正不正確，一般人也難以辨別，甚至是有些網紅律師找的槍手寫的文章都有可能是錯誤的內容，更何況是根本不知道是誰寫的內容，風險更大！而且就算內容是正確的，因為法律文字的閱讀門檻本來就比較高，常常差一個字就差很多！十八

歲「得」結婚，唸ㄉㄟˇ還是唸ㄉㄜˊ，差很大！，一般人在閱讀的時候，不小心可能就會會錯意。

當然，有人拿網路上的資訊來向律師請教，律師幫忙辨別真偽，也勉強可以說是社會服務，不過這些在網路上查得到的資訊，如果是正確的也就罷了，如果是錯誤的，常常因為一般人看起來就是非常合理，而且很有說服力（不然可能也不容易查得到），因此當律師跟他說這是錯誤的時候，好一點的就單純改正錯誤觀念而已，遇到一些比較講不通的人，常常就會跟律師當場辯論起來，這種時候律師要是堅持下去嘛，傷了朋友的感情，要是就唬弄過去嘛，傷了法律的感情，根本就是兩難。

而且一般人常常會有先入為主的觀念，一旦接受網路上的觀念之後，有時就不太容易改過來，縱使現場說不過律師，也會在心裡留一個大大的問號，不是對事情的問號，而是對這個律師的問號。

最怕的是有的當事人還會一邊查網路上資訊，一邊來提建議，然後常常聽到就是說「網路上說我這個應該十之八九無罪，那我還要去開庭嗎？」、「網路上有人說我這個會被判五年耶，怎麼辦？」對於律師而言真的是煩不勝煩，沒委任案件跑來問的就唬弄過去也就算了，有委任的，除了處理案件以外，還得花時間去更正錯誤觀念，免得耽誤了案件，就又平白花了很多沒必要的時間，律師當然會不高興。

就跟醫生最討厭病人拿網路上的文章來跟醫生討論，律師也是一樣，不過跟醫生不一樣的是醫生每天病人可能是幾十甚至上百人，態度不好的，就請他另請高明就是，可是對於律師而言，可能手上的客戶也就幾十個，掉了一個，可能就是好幾萬的損失，因此大部分的律師都還是只能按耐著性子，慢慢的幫當事人更正網路上錯誤的法律資訊。

　　本來我以為專業人士不喜歡人家拿網路上的資料來質問自己應該算是個可以理解的情形，後來才發現其實會這樣幹的人，很可能根本沒有自覺。

　　有個當事人從委任之後，就一直提問，想到就打電話給我說要討論訴訟策略，不過講的都是已經講了好次的事情，他總是要反覆再三的討論，比較像是在求一個心靈上的平靜，希望律師可以扮演諮商師的角色來安慰他。

　　如果只是這樣也就不值得我特別提到他，這個當事人特別之處是在於他還會出功課給我，時不時就會丟幾個判決要我看完跟他討論（有一種回到大學時代在做教授出的作業的感覺），又或是看到什麼新聞就丟給我，要我解釋這個新聞跟他的案件有什麼不同，為什麼記者會這樣寫，為什麼跟我講的不一樣？又會從網路上去找一些不是很專業的網站上面一些不知道是不是律師寫的文章內容要我看，然後回答他的問題。

　　後來我實在受不了了，就跟他說，其實不管是醫師還是律

師，都不太喜歡病人或當事人一直拿網路上的資料來「詢問」或是要求我們解釋，結果他回答說剛好他目前在看的醫生就不是這樣，這個醫生還很高興他自己作功課，從網路上找很多資料來跟醫生討論，說他這樣很棒！我突然覺得自己跟他好像是在兩個不同的平行時空一樣。

　　然後我就解除委任了，畢竟要接案的話，還是要接在同一個宇宙的當事人的案件會比較好溝通……。

垃圾話很多的律師

　　人有百百種，律師也有百百種，絕對不是每個律師都是正義天使，有的律師古道熱腸，有的律師冷血自私，有的律師忠厚老實，有的律師喜歡約砲……啊！是喜歡約跑，大家一起跑，感情不會跑。

　　在我的法律生涯中，遇見的律師自然是很多，其實令人印象深刻的律師不多，倒不是說其他律師很平凡，而是因為其他的律師的言行就跟大部行的一般人一樣，沒什麼特別好說的（靠北，這不就是很平凡嗎？）。

　　其中一位讓人印象深刻的L律師是在一個離婚訴訟案件裡面遇到的律師。承辦家事案件的律師，除了本身相關的法律專業素養外，還需要有額外的人性理解力以及協調溝通力，隨便找個阿貓阿狗律師來辦理家事案件，除了可能把案件搞砸外，也可能會被氣死。而這裡要講的這位L律師呢，就是屬於這種會氣死人的律師，因為是對造律師，所以我不知道對方當事人有沒有被氣死，不過我跟我的當事人則是真的被氣的半死。

　　一般來說，律師在離婚訴訟的時候，因為已經對簿公堂，而

雙方當事人通常是充滿怨氣（沒有怨氣的話，就自己去戶政事務所辦一辦就好了，也不用來找律師），因此律師通常得充當心理諮商師，不時聽當事人吐吐苦水、罵罵對造，有時也順便把其他親戚抓進來罵一罵。

像是剩餘財產分配請求權，其實立法目的是因為在全職媽媽或全職爸爸的狀況下，在家沒去上班的那個人也是得操持家務才能讓出外賺錢的那一方可以專心工作，並不是完全沒有貢獻的，所以婚後得到的財產應該要一人一半才算是公平，但是很多人卻覺得這是惡法……。

也因此，常在處理離婚案件的律師，收費通常不會便宜到哪裡去，因為處理案件本身要花時間，還要另外花時間安撫當事人，跟當事人溝通案情的時間也比一般案件要多，因為一來大家都想維護自己的利益，因此對於法律上一些客觀來說是**公平的條款**　會覺得不能接受，所以律師就得花相當多的時間與當事人溝通、向當事人說明，不然常常會遇到只要提到對方，當事人就會發作，不停的隔空辱罵對方，結果開了三個小時的會，有兩個半個小時在聽當事人咆哮，剩下的半小時還要花一半的時間上廁所、休息……。律師這一行時間就是金錢，花了這麼多的時間，收費自然不可能低到哪裡去。

其實第一次看到L律師的時候，第一印象覺得他是一個斯文人，感覺應該是個比較理智可以溝通的律師。那是一個**調解庭**　，L律師一開始就提出說其實雙方都沒有想要維持婚姻的意思，不如就調解離婚吧。當時聽了先鬆了一口氣，覺得遇到一個

明理的對造律師，後續應該比較好溝通，於是就表示說沒問題，我們就先把離婚的部分先處理掉，再來處理小孩要歸誰養的問題。

天真如我，以為事情有個好的開端，後面可以事事順遂，沒想到除了一開始的這一個部分可以好好處理，後面的就完全走樣了……。

首先是L律師常常無法掌握自己的當事人的想法，在開庭時會自信滿滿的說這樣的條件當事人應該會同意，然後在下次開庭的時候，就又會改口說當事人不同意；又或是明明他的當事人一直來騷擾我的當事人，他卻一直在法庭上說他的當事人很害怕我的當事人會對他不利。

調解庭就是在法院裡，由法院指派的調解委員來進行協商，看能不能找出一個雙方都能接受的條件來處理這個案子，跟和解有87%像，最主要的不同在於得要有個調解委員，而且調解的內容比較有一些限制。
以這個案子來說，因為婚姻是關係到人在社會上的身分關係，是屬於比較跟公眾利益有關的事，因此應該是不可以在法院來調解離婚的，其實要調解或和解離婚的話，就自己去登記離婚就好了，不過後來法律修改成允許用調解或和解的方式離婚，只要事後拿和解或調解筆錄去戶政事務所登記就可以了。

不過這些算是小事，最奇妙的是我們在電話中討論案情的時候，他會突然神來一筆，開始指責我的當事人有暴力傾向，為了小孩好，應該要放棄小孩的監護權，不應該跟他的當事人爭。還會以自己也有一個跟雙方當事人的小孩一樣有發展遲緩狀況的小孩為由，表示自己對這方面很了解，為了小孩好，應該要讓他的

當事人取得監護權。

　　且不要說其實他的當事人最後還被家事調查官發現根本是說一套做一套，然後在調查報告上面狠狠的嗆了他的當事人一頓，光是律師倫理規範就規定律師要盡力維護當事人的合法權益，難道他是希望我違反律師倫理規範來說服當事人把監護權讓出去嗎？害得我得不斷的提醒他不要講一些沒營養的話，浪費彼此的時間。

　　原本以為他這樣奇怪的言行是來及於他的當事人的授意，沒想到在第一審結束後，他的當事人就換了個律師，還在開庭的時候跟法官說L律師在第一審都沒把她告訴L律師的事情陳報給法院，害她輸掉第一審，然後一直到現在，我還是沒搞懂當初L律師到底為啥要跟我講那些沒啥用的五四三⋯⋯。

　　一樣米養百樣人，律師也不見得都是能夠理性溝通的，有時比當事人還更入戲，還更瘋狂的也是有的喔！

在法庭上演舞台劇的律師

　　還有一種律師主要是業務為主，各種能接到案件的方法都會去試，至於辦案能力就明顯不足，不過當事人很少會發現這一點，因為畢竟人一生中也遇不到幾次官司，常常也很難評斷自己請的律師到底有沒有盡心盡力幫自己打官司，也因此就有少數的律師把 90% 的精力都放在開發業務上，只有留下 10% 的精力在處理案件上。

　　在有當事人的場合自然得力求表現，不過因為經驗或專業能力的不足，常會抓不到重點，如果出包了，再用各種話術框騙當事人，把責任都推給法官，這種輕則讓當事人白花錢，有請律師跟沒請一樣，重則會讓自己的權益受損。

　　我曾經在一件著作權法的案件上遇上一個對造律師，第一次開庭的時候就不斷斥責我說謊，然後每次開庭都在他的當事人面前以誇張的表演極力展現他維護當事人的決心，像是在檢察官問話的時候，就一直打斷我的發言，或是要求我應該提供兩份以上的訴狀給他們的兩個律師（一般同一個當事人不管委任幾個律師，都只會拿到一份訴狀），等等不合程序的行為一再在法庭上

上演。

　我本來也不以為意，因為每個律師都有自己的生存方式，像這種有表演慾的律師也是有的，反正當事人對我的信任足夠，倒也不會被對方的這些花招影響，不過訴訟進行到後面，雙方提出的攻防愈來愈多的時候，我就發現這個律師根本不懂著作權法，像是一些沒必要堅持的點，只是因為我在書狀上順帶提到，也沒列入主張，就被這個對造律師不停的回應（曾經出現在至少三份書狀上），到後來法官都直接跟他說這一點不是重點，不要再回應了。

　事務所內控似乎也出了問題，他提出的訴狀常常有錯漏字，而且一般來說，訴狀應該要在開庭前七天提出來，不然對方通常會主張時間太短來不及詳看回應，這樣一來一往就又會把時間往後延，如果真的來不及的話，也是會有當庭提出訴狀的情形，不過連七天前都會被說來不及回應了，更何況是當庭提出來，那肯定是會被主張下次再回應，如果法官本來打算在那次開庭結案的話，那就很可能會被法官狠狠的「訓斥」一番，雖然不見得有什麼具體影響，不過當事人如果在場的話，總不免會覺得這個律師有點掉漆。

　不過這個對造律師不只每次都是在開庭前匆匆忙忙提出不完整的訴狀（在訴狀載明另外再以訴狀補充），還曾在一次開庭時提出兩份內容 80% 相似的訴狀，這種情形很明顯就是分別由兩個

律師下筆，然後彼此也沒討論，最後也沒確認，就直接提出來，通常是因為時間來不及的關係。

如果只是程序上的小瑕疵也就罷了，這個對造律師還在開庭的時候，直接出了個特大包。

著作權法上有個規定，如果是員工在工作上創作的著作，著作權是老闆的，而這個案件就是因為員工離職創業，把屬於老闆的著作拿來用，還說是自己的。照道理他應該要極力否認說這是員工在工作上的創作。

結果在開庭的時候，我提出說這個著作其實是老闆的創作時，這位「對造律師」居然立刻站起來（對，真的站起來！）說：「這是員工的創作。」講完之後法庭上一陣沉默了，因為法官跟我一時之間搞不清楚發生什麼事，法官心裡應該在想：「到底誰是原告？」我心裡則是在想：「對造律師是坐在對面的隊友嗎？我有花錢買通了嗎？」

在一陣沉默之後，我開口說：「對造律師已經自認是員工的創作，所以依著作權法的規定，著作權是屬於老闆的。」對造律師立刻當庭開始「查法條」！（這不是應該開庭前就該做的事嗎嗎嗎嗎？），然後應該是發現自己出了大包，但覆水難收，只好硬著頭皮硬拗說法條規定不是這個意思，我正要回嘴的時候，法官說：「王大律師，關於法律的解釋，是法官職權事項，就不用回應了，我們會自己看著辦。」然後還對我露出會心的一笑。

後來對造律師還企圖想要繼續瞎掰，結果當然沒有說服法官（他的說法跟法律規定根本完全不一樣），想當然爾，我方就在對造律師的助攻下拿到了勝訴判決。

　　對造律師想必是對於著作權法完全不熟，連最基礎的法律規定都不了解就匆匆接了這個案件，才會在法庭上栽了這麼大一個跟頭，以訴狀的品質、對於案件的不熟悉等種種跡象，想必是事務所為了賺錢，盲目的接案，連不擅長的案件也滿口承諾，才會出了這麼大一個包，可能也因為被當事人發現，所以第二審的時候，就再也沒看過這個律師了。

　　雖然有人說律師想要賺大錢，要靠業務能力，專業能力是其次，不過看起來似乎不盡量如此，專業能力欠佳的時候，可能連帶丟掉已經到口的肥肉，啊！不對，是已經到手的案子都會丟掉。

#對造律師

人物 18

你的律師可能不是律師

在坊間其實有一種人,他們常常幫身邊的人寫訴狀、出席調解會議或是寫存證信函,他們也收費用,有時索價還不低,但是他們不是律師(沒有律師執照)。

在律師界最被大家討厭的,除了會辱罵律師、當事人的法官、檢察官以外,應該就屬這種「假律師」了吧。

這些四處幫人寫訴狀、存證信函,甚至是還陪同、代理出庭的這些人,或許不一定自稱為律師,但是一定都會告訴你他們很會打官司,可以幫你打贏官司,也都有共同的特色是會用不專業,但是讓人聽得懂的話來說服你,讓你掏出錢來,委請他幫你打官司。

我有幾次在法院遇到這樣的假律師,感覺都不是很好。不知道是不是因為他們平常的案件幾乎都不會遇上律師的關係,所以在遇上的時候,都會虛張聲勢(跟律師是在裝什腔、作什麼勢啦!),以便取信自己的「客戶」,我遇到的「假律師」態度通常很強勢且張揚,動不動就說要「告刑事」,藉此來嚇唬我的當事人。

什麼樣的案件可以提告刑事，大部分的律師自然是再清楚不過，也不會被他們唬住，但是一般當事人可就沒有這麼了解，聽到對方可能要提告刑事的時候，難免就有點害怕，進而就比較願意拿出錢來和解。

只是委任這樣的「假律師」有著很大的風險，就是當事人沒辦法確認他們懂不懂法律。因為「假律師」常常滿嘴法律用語，動不動就提到「侵權行為」、「不當得利」、「侵占」、「詐欺」等等的法律用語，對於不懂法律的人聽到這些聽起來很專業而自己搞不懂的法律名詞的時候，自然就容易被欺騙，但是這種「假律師」在法庭外幫忙喬事情的話，那算是個人本事，不過到庭上的話，常常就被法官電的暈頭轉向。

因為法律規定，刑事案件的辯護人或是民事案件的訴訟代理人原則上必須是律師，除非審判長例外允許不具備律師資格的人也可以擔任。但是在刑事案件中，審判長通常不會允許，審判長也不想多一個不懂法律的人在法庭上面亂，而且法院有公設辯護人，被告請不起律師就叫公設辯護人上就好了，所以「假律師」通常只會出現在民事訴訟。

即使是在民事訴訟，除非是跟當事人有關係的人，不然法官通常也不會准許（不過假律師通常會假稱是當事人的朋友），我看過好幾次「假律師」當庭被法官趕出法庭，其中有一次是在發現不是律師之後，就問我是否同意對方當代理人，我當然拒絕

了，然後「假律師」直接被趕出法庭，對方當事人當場楞住，不知所措，他在接下來的程序都不太知道我跟法官在講什麼，開完庭後就衝去質問「假律師」為什麼會這樣。

這類的假律師通常是之前曾經打過官司，憑著久病成良醫的概念，就開始招攬生意，不過因為假律師常常不是法律本科生，法律的專業知識也都很片面，一旦遇到以前沒遇到的狀況的時候，可能就會搞不清楚狀況，那就只能各種話術去唬住自己當事人，等到打輸的時候，再跟當事人說都是法官有問題，然後大罵法官，再要求當事人繼續委任他打第二審，新聞上的假律師幾乎都是這樣的運作模式。

不過就像前面說的，當事人有時很難從對話當中去判斷是真律師還是假律師，幸好法務部建置了一個「法務部律師查詢系統」，只要輸入律師的名字，就會知道有沒有這個名字的律師，而且上面會顯示律師的出生年，至少可以知道律師幾歲，如果年紀太差多的話，當然就可以發現是假律師。

不過後來有假律師還會假扮成某位真的律師來騙人，所以上網查的時候會發現真的有叫這個名字的律師，只是不是跟你談的這位。

其實最好的方式是先在「法務部律師查詢系統」上查詢這個律師的事務所，然後要求去事務所開會，如果確實是在登記的事務所開會，那被騙的機會就小很多了。

PART 3

細節藏在
律師袍裡

在法庭上，你會發現法官身上的法官袍是一件黑底鑲藍邊的袍子，之所以是藍邊是因為法官在人民的心中的形象就是古代的包青天，所以以青天的藍色當作法官的顏色，而檢察官袍則是黑底鑲紫邊，之所以是紫色則是因為檢察官代表國家行使公權力，是充滿正義色彩的紫霞正氣，而律師袍則是黑底鑲白邊，之所以會是這樣的黑白配是因為大家覺得律師都在顛倒黑白、黑白講（誤），而書記官則是黑底鑲黑邊（這倒底有什麼鑲的意義啊？），傳說是因為書記官常常需要幫法官、檢察官揹黑鍋的關係……

司法界代言人？

只要有任何有關廢死、恐龍法官的新聞出來，律師朋友們就會被旁邊的人問到懷疑人生。當然，不可否認的，律師對於司法比較熟悉，在討論這類的事情的時候，自然可以比較深入的探討，不過同樣的話題三不五時就會出現，一天到晚都會被質問：

「到底為什麼要廢死？」（跟你講你也不想聽啊，你只是想表達你覺得不應該廢死而已吧？）

「為什麼法官這麼恐龍？」（你去問法官呀！）

「現在法官還可以收錢嗎？」（一直都不能收呀！你是看過哪個國家的法官可以收錢的？）

「有長得帥的法官嗎？」（我覺得律師比較帥。）

彷彿律師就是整個司法界的代言人，只要有任何司法問題，就問律師就對了！律師都懂！

其實這也充分顯示了一般人民對司法界的結構不是很了解（還常常聽到當事人自稱是法官系畢業的），基於對於法律普及教育的熱誠，我通常都還是很認真的跟對方討論司法的問題，雖然我根本不覺得跟我討論完之後，他堅持死刑的想法會有什麼改變……。

當庭不脫律師袍

　　身為一個專業人士，通常會有一些外人不一定知道的行規，像是醫師不能幫自己的家人開刀，老師不能教自己的小孩，工程師通常是阿宅（誤）之類的。律師也不例外，最常被新聞、媒體提到的應該就是這件髒髒臭臭的律師袍。

　　如果到法庭上的話，你會發現高高在上的法官身上大都是穿著法官袍，法官袍是一件黑底鑲藍邊的袍子，穿著的時候就是直接套在平常穿的衣服上面，之所以是藍邊是因為法官在人民的心中的形象就是古代的包青天，所以以青天的藍色當作法官的顏色，而檢察官袍則是黑底鑲紫邊，之所以是紫色則是因為檢察官代表國家行使公權力，是充滿正義色彩的紫霞正氣，而律師袍則是黑底鑲白邊，之所以會是這樣的黑白配是因為大家覺得律師都在顛倒黑白、黑白講，而書記官則是黑底鑲黑邊（這倒底有什麼鑲的意義啊？），傳說是因為書記官常常需要幫法官、檢察官揹黑鍋的關係……，當然，這都只是傳說，就算是真的也不能說……。

　　眾所皆知的，律師開庭時要穿法袍，不過可能很多人都不知

道，律師幾乎不會開完庭就當庭脫法袍，這算是個傳統，老一輩的律師認為當庭脫法袍是對法官的不尊敬，因此一定要開完庭，走到法庭外面（不是法院外面）才能脫法袍，甚至有比較資深的前輩會堅持在律師休息室才可以穿脫法袍。之前還有聽過有律師開完庭直接在法庭內就把法袍脫下來，被對造律師大聲斥責：「現在的年輕律師怎麼這麼沒有禮貌！」

雖然不知道傳言的真假，不過可以知道老一輩的律師對於自己的言行舉止是很重視的，這可能是來自於早期律師還很少的年代，只要當上律師就是社會上的菁英，大多數的律師也以自己的職業為榮，自然要注重自己的言行舉止。

反觀律師人數大增後，似乎就少了以前那種社經地位高尚的「三師」的氣質了……，之前還看到有律師穿著短褲、球鞋然後套上律師袍就進去開庭的，引來不少側目，不過這是個自由的年代，你想怎麼穿就怎麼穿，旁人倒也沒有辦法，不過律師向來是走專業的形象路線，短褲、球鞋可能比較是運動專業的形象了……。

如果有人無聊坐在法庭外面仔細觀察律師的話，應該就會發現很多律師的律師袍白色鑲邊的部分或多或少會有點髒髒的，而且少部分的律師袍上甚至還會有點味道……，絕對不是這些律師不衛生，或是剛剛穿著律師袍四處逛街弄髒了，這些律師只是沒有洗過他們的律師袍，對，從來沒有洗，嗯，可能一、二十年沒

有洗……。這個光想就覺得很噁心，一件一、二十年沒有洗的衣服，能穿嗎？當然可以，而且一堆律師都是這樣。

「律師袍不能洗」這件事其實是有個都市傳說的，每一個律師在跟菜鳥律師聊天的時候，總會不經意的提到這件事，據說要是洗了的話，會把原本的運氣洗掉，然後會打輸官司。哇塞！這可不得了，律師通常都希望自己可以常勝不敗，這種會影響勝敗的事情當然要小心，於是大家就抱著寧可信其有的態度，死都不洗律師袍！

其實我是一直覺得很奇怪，如果最近手氣不好，一直打輸官司的話，是不是可以藉著洗律師袍來改改運呢？但好像還沒聽到這樣的說法。

不過總是有律師比較愛乾淨，可是律師袍又不能洗，那怎麼辦呢？於是就有一些律師又迷信又愛乾淨的，會定期買新的律師袍來穿，舊的就不洗了，髒了不想穿了就收起來，直接買一件新的來穿。但我又有一個疑問了，洗了律師袍會洗掉運氣，那換了律師袍不會改掉運氣嗎？

總之，律師雖然唸過很多書，不過該迷的信也還是迷，所以迷信跟唸書絕對沒有必然的關係。

律師、會計師、代書的糾葛

身為律師，常常被問到稅務的問題，當我表示對這方面不太熟的時候，當事人就會露出一副「你是真律師還是假律師啊？」的表情，有的時候我也會被問到土地過戶的事情，不過不是土地過戶之後的法律關係是怎麼樣，而是土地要怎麼過戶……。

其實假日要上工，術業有專攻，在各行各業的專業人士對於自己領域內的事情總是最了解。律師就像一個什麼都懂一點的「不專業人士」，只是在大部分的法律領域裡，就算只懂一點，也比別人強過百倍。不過在稅務及土地事務的申請流程上，大部分的律師肯定沒有每天都在接觸這些事務的會計師及代書了解。

在稅務上，律師拿手的是法條的解讀與運用及法院案例的分析，但是稅務案件常常還沒進行到法院的訴訟程序，就已經結案了，所以律師也來不及上場，再說律師常常畫地自限，覺得只有快要進法院，或是已經進法院的事情才算律師的業務，因此律師很少在處理複查、申訴等等程序，也因為如此，大部分的律師對於這方面的業務也都不是很熟。

所以當律師被問及有關稅務的事情的時候，往往回答的並

不專業，也不確定，當事人自然很難對律師產生信賴感，久而久之，當事人就會去找看起來更專業的會計師來幫他處理稅務上的問題。

在訴訟前階段的複查、申訴的程序大部分是會計師在處理，只有小部分的律師熟悉這些程序。不過如果案件不只是在複查、申訴的程序，而是進入訴訟程序的話，情況就相反過來了，雖然依法會計師在稅務案件中也可以擔任訴訟代理人，不過因為畢竟是訴訟程序，很多訴訟上的規定或是眉角都是律師比較熟悉，更因為律師不管遇到什麼案件，都能夠透過查詢以往判例來得知目前實務上的見解的傾向，這一點是大部分的會計師比較沒辦法做到的，一來是因為沒有這種習慣，二來是對於資料庫查詢的熟練度也有差別，三來是對於裁判書上的法律用語的熟悉度畢竟還是比不上整天在查判決、寫訴狀的律師，四來是一些比較好用的法律資料庫通常只有律師會買，會計師大概都不會花錢去買法律資料庫來用，也因此在法律資料的蒐集上面，大都是律師會比較擅長。

至於土地的案件，因為代書（現在叫地政士）是專職在幫忙辦理土地過戶、設定等等的行政事項，律師則是鮮少有人會協助處理土地過戶等等的行政程序事務，一來是律師的時間太寶貴，這些申請程序什麼的，對於律師來講，實在不划算，而且大都沒什麼技術性，就算不是律師也可以處理，律師的費用自然比代書

要高出許多，律師在價格上可以說是沒什競爭力，因此也就不會跟代書去搶這個飯碗。

　　不過如果土地發生糾紛的話，代書往往是第一手知道的，如果代書自己能處理的話，自然不會把這個賺錢的機會給讓出去，會讓出去的，通常是代書自己沒法處理的案件，數量上自然已經少了許多，也因此，跟稅務案件差不多的情形也同樣發生在土地案件上，在進入訴訟前的事務的處理，常常是代書在處理，至於進入訴訟之後，代書不像會計師，法律有特別規定准許會計師代理稅務案件，法律並沒有特別規定准許代書可以當土地訴訟的訴訟代理人，進到法院後，如果掛代書當訴訟代理人的話，有時還會被法官拒絕，所以原則上有關訴訟的部分通常都還是律師在處理。

　　不過對於一般人民而言，大概也不太知道有區分訴訟前階段跟訴訟兩個階段，所以大多是先找會計師或代書，等不行的時候才會被介紹來找律師，也因為如此，有一般律師就會與會計師或是代書合作，相互介紹案件，聽說合作的律師大多能取得一定的案件量，也算是律師開拓業務的一個好管道。

律師的強迫症

　　律師寫訴狀是天經地義，不會寫訴狀的律師也不用打官司了。以前電腦還沒這麼普及的年代，訴狀通常是用手寫，然後送去打字行打字，再列印出來，也有很多也不送打字，就直接用手寫。

　　不過在這個電腦普及的年代，訴狀用電腦打字列印已經是律師的基本配備，訴狀用手寫，就算字再好看，在旁人看來就是顯得不夠專業。不過因為每天都在打字，律師的工作又是比較需要字字斟酌，注重小細節的，因此很多律師對於訴狀的格式也很要求。

　　我在當受僱律師的時候，曾經因為訴狀上的文字沒有對齊而被老闆狠狠的刮了一頓，好像文字沒有對齊、字型沒有統一是一件罪大滔天的事情。

　　也曾遇過有律師為了要調整字型，在打完訴狀內容後，足足花了半天的時間在調整字型，只因為他覺得細明體跟標楷體要用在不同的地方，而且項次的空格也要一樣寬，就這樣足足調了半天的時間才調成他想要的格式，讓我覺得律師這一行有強迫症的人一定特別多。

不要再用錯法律專有名詞啦！

　　說到律師的強迫症，還可以從另一個方面可以看出來，就是律師喜歡糾正別人的用語，或者說律師聽不慣別人用錯誤的用語，有些法律專有名詞長期被誤用，甚至常常在新聞媒體或是戲劇裡出現，在這裡提出常見的幾個例子，讓大家可以update一下，不要再用錯啦！

✕ 公訴罪　○ 提起公訴

　　法律上其實並沒有「公訴罪」這種東西，只有所謂的「告訴乃論罪」以及「非告訴乃論罪」，所謂的「公訴」其實是指檢察官把被告起訴的行為，叫做「提起公訴」，所以並沒有哪一種犯罪叫做「公訴罪」。偏偏無論是新聞媒體或是報章雜誌都很喜歡說「某某犯罪是公訴罪」，而身為有強迫症基因的律師，聽到別人在講「公訴罪」的時候，都會忍不住糾正：「沒有公訴罪！」（另外一個大家都以為有，可是其實不存在的東西是「保留法律追訴權」。）

✕ 監護權 ○ 親權

其實在法律上「監護」是用在父母以外的人對小孩或是沒有正常行為能力的人有管理的權利時，才會用「監護」這個名詞，如果是父母對小孩的話，那個叫做「為未成年子女行使或負擔權利或義務」的權利，簡稱為「親權」，不過因為講「親權」沒幾個人聽過，講「為未成年子女行使或負擔權利或義務」的權利又太長，所以每次聽到有人在講監護權的時候，想要糾正又怕麻煩，因為只要一講親權可能又要解釋一大堆，所以最後我也放棄了，不過倒是常在網路上看到律師或法官發文時都會特別強調是「親權」不是「監護權」！

✕ 民事案件 ○ 民事事件

另外還有一個比較少人知道的是其實法律上沒有「民事案件」的說法，尤其是在法院裡面，只有「民事事件」以及「刑事案件」並沒有「民事案件」這種東西。之前還遇過一個律師聽到我講「民事案件」，還不斷的碎唸說「只有民事事件，沒有民事案件啦」，聽得我頭都痛了起來，我管他是民事案件還是刑事事件，只要可以收錢的都是好案件。

正義使者還是魔鬼代言人？

　　很多人對於律師的印象是來及於各種電影裡的律師形象，有的電影把律師描畫成一個正義的使者，為弱勢發聲，對抗財團等等的惡勢力。又有的電影把律師變成邪惡勢力的的魔鬼代言人，是惡魔的幫兇。又有電影（尤其是美國的電影）裡的律師是個沒用、不知變通又愛錢的丑角。

　　無論是哪一種形象，其實都只是編劇所片面的認知罷了，大部分的律師其實也就是一般人，有血有肉，通常沒有大好大壞，有的也只是小奸小惡，成不了大事的那種。

　　我也曾遇過常上媒體的知名律師，在私下其實就跟一般人沒什麼兩樣，那些形象良好的公益律師，其實私下收起律師費也毫不手軟，也不會因為他會接一些公益案件，他的收費就會便宜一些，而且通常是愈有名的律師，收費愈高，就算是公益律師也不例外。

　　其實道理也很簡單，一旦知名度高了，案件接不完的時候，自然就會想要把有限的時間花在可以創造比較多收益的案件，反正你嫌貴，別人不嫌貴就好了，至於辦案的品質，倒也不一定就

比較好，而且常常聽到知名律師接案件都是丟給所裡的小律師在處理，只有收費比較高的大案才會親自處理。至於拿不到什麼錢的法扶案件，自然是完全丟給小律師處理就好了，反正只是做個形象而已嘛。

也就是因為這樣，法扶就為了為防堵這種行為，就要求接案的法扶律師如果要找別人代理出庭的話，還要通報法扶，而且還會跟當事人或是法院確認律師本人是否到庭，或是請別人代他出庭，如果被抓到沒有通報的話，可能還會扣律師的酬金（本來就夠少了，扣完就更少了），結果本來乖乖辦案的律師就還得多一個事項要回報，就跟班上有人蹺課沒來，老師就罵有來上課的學生一樣，苦到安分守己的人。

大部分的律師也是這樣，不好也不壞，雖然有的只是為了討生活而當律師，自己也不見得就喜歡律師這個行業，所以也像很多上班族一樣，上班就只是為了賺錢，受委任的案件也只是想辦完，不是想辦好。不過更多的是看心情辦案，如果這個案件的當事人比較「好禮」、

其實諸如此類的事情還很多，像是有的律師偷懶故意不寫訴狀、不去法院閱卷（印法院的資料），法扶怕影響當事人權益，就規定如果不寫訴狀、不閱卷的話，要扣酬金，導致有些本來就不需要寫訴狀的案件，變成也要寫個充滿廢言的訴狀給法院或是明明已經結案了，卻還是上網花錢下載開庭筆錄，就為了不想被扣錢，而法官收到訴狀或是收到閱卷聲請的時候也是覺得莫名其妙，不過日子久了，法官也習慣了，看到是法扶案件就知道為什麼這些律師會有這些奇怪的行為了。

好相處，律師也會比較想要盡力處理他的案件，不過要盡力處理每個案件也實在不太可能，畢竟人的時間都是有限的，想要好好處理這個案件，勢必就有其他的案件被分配的時間就減少了，所以再屬害的律師也不可能從來沒有犯過錯，也會為了賺錢而接某些自己不喜歡或不認同的案件。

　　大部分的律師的態度是，如果是符合法扶資格的法扶當事人，律師自然不會向當事人收費，甚至為了避嫌，有的律師完全不經手任何當事人的費用（我就是這樣），都是請當事人自己去法院繳，免得事後法扶當事人跑去跟別人講說法扶律師在收錢，也避免不必要的誤會。不過對於一般的當事人，該收的費用自然還是得收，並不會因為有接一些公益案件或是法扶案件，律師費就會收少一點，雖然常會有一些貪小便宜的人因為「太有錢」或是「收入太高」申請不到法律扶助之後就跑去找有接法扶案件的律師，希望他們可以免費或是低價幫他們打官司，不知道是不是以為律師只要靠呼吸就可以維持生命……。

造成司法不公印象的法官

常聽到有人在講司法不公、司法已死，以前常想不通為什麼會這樣，法官不都是依法裁判嗎？而且那些判決看起來也沒什麼問題，也都有說明為什麼這樣判的理由，那為什麼還是有人會覺得司法不公呢？

執業多年之後，漸漸了解民眾跟司法機關之間為什麼會有這樣的隔閡。

有次去開庭的時候，因為是個冗長、複雜的案件，好不容易到了最後一次開庭，準備結案了，兩造當事人加上法官應該多少都有點終於看到終點的心情，通常最後一庭已經不能再提出任何新的主張或證據資料，所以大致上就是行禮如儀，走個流程，我是秉持著「能講就講，不能講反正訴狀上該寫的都寫了」的心情在開庭，所以對方律師一開始就一直重覆以前所提的訴狀上的主張時，我也在私底下準備待會要講的內容，不外乎是把以前的訴狀內容挑出重點來提醒一下法官而已。

只是輪到我講話的時候，才講完第一句話審判長就說：「這些訴狀上面有嗎？有的話就不要再提了。」我就傻眼了，那剛才對

方律師講一堆哪一件事情不是之前訴狀就提過的？為什麼審判長大人還是讓對方律師慢慢講，反覆講，還講一堆呢？正當我傻眼的時候，審判長又說了：「今天要終結言詞辯論，所以也不能提出新的攻擊防禦方法。」，嗯，很好，訴狀上面有的不能提，新的也不能提，那還有要讓我講話的意思嗎？

只好當場改變策略，把最重要的幾點提出來講，結果講第二句的時候，審判長又說了：「這不是訴狀上有提過了嗎？訴狀上有講的就不要再浪費大家時間了。」我最後還是硬著頭皮把要講的講完，中間也是一直被審判長反覆質疑，講到後來我都快翻桌了，對，只是快要而已，因為也會擔心法官因此把我趕出去。

不過等到我講完，對方律師又講話了，講的還是之前訴狀都講過的東西，我就異議了，正要開口，審判長就阻止我說：「等他講完你再講。」對方律師慢慢講，反覆講，還講一堆，最後我也終於爆氣了，直接「大聲」跟審判長說：「對方律師講的不是訴狀上有的嗎？那為什麼審判長還是讓他講？剛才就不讓我講？如果不是訴狀有的，那不就是新攻防方法嗎？那又為什麼可以提出來？」

審判長居然也一時語塞，可能是覺得自己的行為也太明顯了，所以就說「不然你還要講什麼？」重點是我要講什麼嗎？應該是對方根本就不能講才對吧？然後對方律師就上來補刀了：「你剛才也講很多啊！」我整個火氣又上來（媽的，就是不能忍就對

了！）：「對方律師剛才前面講一堆好嗎？為什麼他就可以講，我們就不能講？」結果審判長也說不出個所以然，就一直問我：「那你還有什麼要講嗎？」，在後面的程序中，審判長才收斂許多。

事後我常在想，如果當時換個年輕菜鳥律師或是根本沒有律師在旁邊陪同，審判長還會誇張成什麼樣子呢？這樣的判決判下來，如果是我的當事人勝訴的話，那或許沒人會講什麼，如果是敗訴呢？怎麼不會讓人懷疑司法不公正？

今天縱使這位審判長沒有什麼心證不公的情形，可是表現出來是這樣誇張的法庭實況，又要怎麼讓民眾信服？不過法官、檢察官常常是住在象牙塔的白紙，又身為社會菁英，或許他們並不覺得這是一件重要的事，那司法形象不佳又能怪誰呢？就別老是怪新聞亂報了，法庭實況常常比新聞還要精彩呢。

驚，幫你調解的調解委員
不是法律系畢業的？

　　在法律上的調解跟和解其實還是有本質上的差異的，調解原則上還是要依照法律的原則走，而和解基本上就是雙方講好就好了，不過對於一般人而言，其實分不太出來，也沒什麼必要區分，因為對於當事人而言反正最後的效力是差不多的。

　　不過很多人不知道的是常常在調解室裡口沫橫飛，頭頭是道的調解委員其實大部分都不是法律系畢業的，大部分也都沒修過什麼法律學分，如果運氣比較好的，可能會遇到律師、退休的律師、法官之類的，有時還會有退休的書記官來當調解委員，雖然書記官大部分都不是法律科系出身的，不過畢竟長年在法院工作，對於法律的熟悉感還是比其他人要好很多。

　　不過有的調解委員會的委員就是所謂的「地方仕紳」，什麼退休里長啊之類的，跟法律工作一點都沾不上邊的人都可能是**調解委員**。

　　可以看得出來並沒有要求一定要是法律系畢業的人才可以當調解委員。也因為如此，常常遇到調解委員對於要調解的事件的

相關法律一點也不了解，還需要律師提供法條規定給他，他們所擅長的絕對不是法律，而是「搓湯圓」的功力。

不過縱使如此，在不同的單位開的調解庭或調解會所遇到的調解委員各方面都很不一樣。在比較積極推動調解的法院開的調解庭，通常調解委員都會極力介入調解，就算雙方都已經覺得根本沒機會調解成功，想要直接進入訴訟的時候，調解委員也會不斷的要求雙方多開幾次調解庭，我們也只好一直反覆開著完全沒共識的調解庭，開到後來律師、當事人都快跟調解委員翻臉了。

有的調解委員就很佛系，一聽雙方都沒調解意願，就立刻宣布調解不成立，然後就把案件丟給法官進行訴訟程序，這也就罷

法律規定的調解委員的遴選辦法長這樣：
四、本會應就符合鄉鎮市調解條例第三條、第四條資格者，以書面及面談方式，依下列標準評定其積分：
（一）學歷：經教育部立案或認可者，不分國內外，同一等級學歷計分相同。本項比重占總成績20%。
（二）經歷：曾任調解委員並獲績優表揚者、曾任里長以上之公職或現任里長者、司法特考或法制類之相關國家考試及格者、其他與調解業務或法制業務有關之經歷者。本項比重占總成績20%。
（三）訓練及進修：最近五年領有結業證明文件且與法制或調解業務相關者始予計分，本項計分不得與學歷之計分重複計算。本項比重占總成績20%。
（四）綜合考評：由本會就受評者年齡、家庭狀況、自傳履歷、品德操守及對調解業務之熟稔程度、研究發展、熱心公益、社區。

了，這還是因為雙方當事人沒有調解意願，有次我遇到一個十分奇怪的調解委員，第一次遇到他的時候，是一件請求返還房屋的案件，因為占有的人願意還房屋，只是時間喬不攏，而且涉及到賠償租金損失的問題，我覺得其實有機會可以和解，而對方也只是要錢，所以也願意和解，不過奇怪的是調解委員在雙方坐下來還不到十分鐘的時候，就急著說：「我看雙方應該也沒辦達成共識，那我們就調解不成立吧。」無論我怎麼跟調解委員說雙方是有意思要談的，對方也說可以談一談，但是這個調解委員都不肯聽，執意要調解不成立。

　　本來以為這個調解委員只是比較偷懶，只要不能輕鬆調解成功的，就直接調解不成立，不過後來我又再一次遇到他，案件也同樣是租約到期返還房屋的案件，這個案件其實之前房客就已經一直故意在拖延搬遷的時間，所以當事人給我的指令就是只要他們不同意在一個月內搬離，就不同意調解。在調解室內我也如實轉達，而房客也明顯想要拖延，只說一個月太短，但是卻不肯給一個明確的搬遷時間，因此我直接跟調解委員表示我方不同意繼續調解。

　　本來以為同一個委員，態度應該一樣，想不到這次調解委員卻反過來拚命要求我要再開調解庭，被我拒絕後，還揚言要跟法官報告我不願意再調解，企圖讓法官覺得是我方不肯好好談，造成負面的印象，我只好萬般無奈的同意。結果下次調解時，對方

直接不來了，最後也還是只能調解不成立，然後交給法官審理，讓我的當事人又浪費了一個月的時間……。

　　另外也有天生好運的調解委員，有次我承辦一個請求扶養費的案件，因為雙方也只是因為「奇檬子」不爽，所以互告，基本上涉及的金額實在不大，加上雙方律師似乎還控制得住自己的當事人，所以就努力的促成這個調解，可是那個案子的調解委員事先沒看卷宗資料，當天行程又整個大delay，這個案件調解還沒結束，後面的案件已經要開始調解了，導致他就只好兩個調解室兩邊跑，大部分的時間還都不在我們這一間，從頭到尾他只有待了不到五分鐘，全憑兩個律師努力的安撫當事人情緒，盡力調解，最後這個調解委員在根本沒搞清楚案情的狀況之下，這個案件就調解成立了，後來那個調解委員跟我們說他那一天上午調成了四件，這件事情告訴我們運氣比努力更重要……。

同一個案件不同法官，結果差很多

　　在法院裡，很多事情都不是那麼絕對，比方說，在大家的印象中，法律規定就是一個蘿蔔一個坑，同樣的事情、同樣的行為，就算判的刑度不太一樣，那起碼類似的事情也應該要有差不多的結果吧？像是這個人竊盜一千萬判了兩年，另外那個人一樣的狀況、一樣的手法也偷了一千萬總不能只判個兩個月吧？

　　如果會有這樣的認知，那表示你一定是個沒接觸過法律案件的人，因為類似的情形，出現迴然不同的結果是很正常的喔！其中影響的因素除了當事人怎麼答辯、怎麼主張、證據有哪些都可能導致結果的不同外，不同的法官更是其中最大的不確定因素，而法官的個性、經歷、成長背景，乃致於寫判決當天的心情都可能是影響判決結果的因素，縱使法律的規定已經讓法官受到不確定因素的影響可以降到最低，不過既然法官是人，就還是沒辦法免除人性容易受到各種客觀環境影響的特性。

　　如果說前面這些說明你可以理解，那我就再分享一個就算是同一件事情，卻還是有不同的認定結果的案件。

　　老李是個中古車商，專門跟人買二手車來賣，從中賺取價

差，因為他很懂車，收的車也通常可以加價賣掉，賺到一些價差。不過有次他就踢了個大鐵板。

老李先是透過認識但不熟的原廠業務介紹，跟一個客人買了一台二手車，車子的外觀狀況都不錯，車體、零件看起來也算新，感覺沒受過什麼大意外，於是很快的就由業務代理客人簽了買賣契約，等簽了約，也付了錢之後，老李慎重起見還是送回原廠去檢查一下，不檢查還好，一檢查發現引擎號碼居然是變造的。

老李先是找業務詢問，業務推說他不知道，要老李自己找客人解決，而客人也推說不知道，還說他是把車賣給業務，跟老李沒有關係，所以老李也不能找他。

老李不甘損失，於是就一狀告上法院，要求客人把錢退還給他。本來老李最擔心客人會耍賴皮說引擎是老李偷換的，還特別要車廠的人來作證，證明當初看的時候，引擎堆了很多灰塵，所以不可能是老李買了之後才換引擎的。

不過客人對於引擎被變造的事情倒是沒有說太多，而是推說他車是賣給業務，不是賣給老李，所以老李不能要求他還錢，要也是業務也找他要，至於老李的損失要自己去找業務要，不關他的事。結果法院不知怎麼的，也採信了客人的說明，判決老李敗訴。

老李心想說，好，既然法院認為買賣契約是老李跟業務簽

的，那他就找業務要，於是老李就起訴告業務，要業務賠償他的損失，一告之下才發現業務住彰化，而老李是住台北，不過為了要拿回錢，老李也只好彰化、台北兩地跑。

沒想到官司打了快一年，終於等到法院判決下來，卻是判決老李敗訴，理由是買賣契約是老李跟客人訂立的，業務只是代理人，所以跟業務無關。

這下好了，跟客人要，要不到，跟業務要，也要不到，老李最後只好自己吞了！

台北的法官說契約是老李跟業務訂的，彰化的法官說契約是老李跟客人訂的，明明是同一件事、同一份買賣契約，兩個法官的認定卻完全相反，而且還讓老李平白無故的遭受損失。至於引擎到底是誰偷換的？兩個法官都沒有去調查，不知道是法官覺得跟本案無關呢，還是覺得可以案子可以判決、可以結案就好了？

有時候真的也不知道這樣的司法制度到底是怎麼了？可以發生這麼荒謬的事情？不過大家要知道的是，在司法界，這樣的事情可不是特例，也被當作是一件很合理的事情存在下來喔！不過以這個案件來說，其實如果委任律師的話，通常會把業務跟原車主一起起訴，由同一個法官審理，這樣才不會出現這種矛盾的結局喔！

專家鑑定就很確定？

　　關於鑑定，首先要了解的是，法官要審理各種案件，而各種案件常常也會牽涉到各種專業知識，而法官也不可能每種專業知識都懂，醫療不懂、專利技術不懂、水電不懂、抓漏不懂，更明白一點講，就是大部分的專業知識都不懂。這也沒什麼不好說的，光是整天搞法條都搞不完了，司法官誰還有空在跟你斜槓人生，還要去涉略其他領域的專業知識。就算是斜槓，也不可能斜這麼多槓啊！

　　所以法律上有就一個制度叫做鑑定，也就是請專門的機構或是專家來把法官不懂，但是需要確定的事情鑑定一下，然後做成報告給法官，法官再參考這個報告來補充不足的專業知識，最後再做成判決。所以小至筆跡的真偽，大至建築結構（這裡是以體積來分大小，不要去跟別人說我瞧不起筆跡鑑定……），都可以被鑑定。

　　因為鑑定是由各個領域最具權威的機構或專家來執行，所以理論上應該是可以被信賴的，也就是說鑑定結果應該不容易出錯，至少不會出現很離譜的錯誤，不然幹嘛還要送鑑定呢？就法

官直接丟銅幣決定兩造誰說的對不就好了！

　　一直以來，我也覺得鑑定報告大致上應該是正確的，不過當事人有自己的利益要維護，所以鑑定報告對當事人不利的時候，當事人自然會說鑑定報告有錯，反正千錯萬錯都是they的錯，鑑定報告對自己不利就是鑑定人的錯。

　　所以一開始老彬拿筆跡鑑定報告過來找我的時候，我是沒抱什麼希望的，尤其是這份鑑定報告還是出自國內筆跡鑑定最具權威的鑑定機構之手，基本上我的直覺是認為翻盤的機率非常低，想當然爾，老彬的案子第一審是輸掉的，主要就是這份鑑定報告說鑑定的筆跡是老彬的。

　　不過看到鑑定報告的時候，我卻覺得怎麼看怎麼怪，因為鑑定報告除了結果之外，通常會說明一下是怎麼得到這個鑑定結論的，像是漏水鑑定，通常會指出因為天花板有溼潤或是水漬的跡象，所以可能是樓板間管線破裂導致漏水……總之多少會寫一些理由，免得當事人看了之後覺得不明不白的，可能又要跟法院聲請把鑑定人傳去法庭報告。

　　可是老彬的這份筆跡鑑定報告除了很官話的說鑑定的筆跡跟老彬以往的二十多個筆跡「之結構佈局、態勢神韻相符」、「書寫習慣（包括：起筆、收筆、筆序、筆力、筆速、筆等筆劃細部特徵）相同」（真的只有寫這樣），連到底具體的是跟哪一個簽名

的神韻相符、哪一個細部特徵相同都沒有寫，只有前面這兩段文字，什麼具體的理由或是判斷過程都沒有，就直接跳到結論，說鑑定的筆跡跟老彬的筆跡「筆劃特徵相同，研判應出於同一人手筆」，下面還特別備註「本實驗室依送鑑資料上筆跡特徵之近似程度，作成以下五種等級之鑑定結論：『相同』、『極相似』、『相似』、『部分相似』、『不同』」，也就是說這個報告的鑑定機關是幾乎可以確認鑑定的筆跡就是老彬簽的！

撇開這份鑑定報告幾乎沒有附說明以外，以肉眼看鑑定筆跡跟老彬的筆跡也是很不一樣，光是起筆的地方就完全不是在同樣的位置，更別說筆畫的連續也都不同，如果說鑑定結果是說部分相似還勉勉強強可以接受，可是鑑定報告卻說是「相同」，也就是最高等級的近似了，我是怎麼看就怎麼怪，也是因為這樣，雖然覺得沒什麼機會，我還是在老彬的苦苦哀求下同意接下這個案子。

接下案件後，我跟老彬說，這個案子想要翻盤一定要把這份鑑定報告打掉，不然法官是不可能改判的，原因無他，法官又不懂筆跡鑑定，自然是鑑定機關怎麼說，法官就照單全收（難道還期待法官去研究筆跡鑑定學，然後再來打臉鑑定機關？）。雖然一審的判決理由提到還有其他的證據，不過基本上都是拿來充版面的，不用理它們，只要筆跡鑑定被推翻，二審法院大概就會改判了，如果鑑定報告沒有被推翻，那老彬是一點機會也沒有的。

而要推翻鑑定報告的唯一機會就是讓法院同意做第二次鑑定，二次鑑定在司法實務上不太常見，原因是因為在司法官們還在受訓的時候，老師就會提醒他們二次鑑定的風險，如果兩次鑑定都一樣，那還好，如果不一樣，難道要做第三次鑑定嗎？如果不做第三次鑑定，不管用哪個鑑定結果都會一邊不服，所以大部分的法官都盡量避免做第二次鑑定。

　　不過既然這是老彬唯一的機會，我自然把所有的火力都放在這件事情上面。我不斷的跟法官盧說原來的鑑定報告沒附理由，而且用外行人的肉眼都可以看得出來根本不是同一人的筆跡，我也觀察到法官似乎也覺得鑑定報告有點「特別」，不過在良知與想省事的人之常情的拉扯下還是猶豫不決該不該二次鑑定，最後我發了大招，跟法官講說如果再做一次鑑定結果還是一樣的話，老彬就會接受鑑定結果，而且我會力勸老彬接受和解。法官最後終於鬆動，同意發函給鑑定機關。

　　不過法官也怕再做一次鑑定又不知道要拖多久，於是就說先發函詢問鑑定機關的意見，請他們針對我方提出來的疑問做一個回覆。

　　本來我是覺得這根本沒用，因為同一個鑑定機關先做出是同一人筆跡的鑑定，為了維護自己機關的威嚴，怎麼可能隨便就承認自己的錯誤？然而事情的發展卻越來越有趣。

先是鑑定機關拖了很久才回覆，而且最後回覆的內容居然說以先前所提供的老彬的筆跡資料來看，實在無法判斷鑑定筆跡是否為老彬簽的，所以如果要有結果的話，就要再提供新的簽名資料給他（那先前那份斬釘截鐵的鑑定是怎麼出來的？）。

收到這份回函的時候，法官、對造跟我都傻了，這不是間接承認先前的鑑定報告有問題了嗎？不過鑑定機關都這麼說了，我當然趕快的去蒐集簽名資料送過去。

結果鑑定機關又是拖了好幾個月，最後終於回函，回函表示依照目前所有資料來看，實在無法認定鑑定筆跡到底是不是老彬簽的，可能是，也可能不是。總之就是間接推翻了先前的鑑定報告了。這個案件最後就在這兩份鑑定機關回函的加持下，法官終於改判勝訴。

或許有人會猜說，後面的兩份回函可能是同一個機關的不同的承辦人員所做，我本來也這麼覺得，不過很奇妙的是根據鑑定機關回函的記載，第一份鑑定報告，與後面兩份回函都是同一個人所做的，到底為什麼第一份鑑定報告會寫的這麼斬釘截鐵的認定是老彬的簽名？不得而知。

不過可以想見的是，當法官要求鑑定機關說明的時候，鑑定機關應該也發現了硬要再說這兩份肉眼看起來就完全不同的筆跡鑑定是出自同一人之手恐怕會有問題，才會改變原本的說法，否則以一個專業的鑑定機關而言，誰想要承認自己的錯誤來讓機關

的信譽受到影響呢？只能說老彬的運氣好，遇到肯送第二次鑑定的法官，遇到願意承認錯誤的承辦人員，不然以一般常情，老彬多半是得吞下去了。

　　從那之後，我對於鑑定機關鑑定的結果也不再抱持著「不可忤逆」的心態，連最高鑑定機關都會承認自己的錯誤了，更何況是其他的單位呢？其實再進一步想，連這種極其專業的單位都可能發生這種離譜的錯誤了，法官又怎麼可能不會犯錯呢？也因此看到一些新聞或是網友在說「法官認證」了什麼事情，笑笑就好，不用太認真了。

律師教你怎麼選律師

　　本書不知不覺中好像放了很多選擇律師的一些方向，如果看完還是不知道要怎麼挑選的話，下面提供一些方法讓大家參考看看，雖說個案情形不同，可能適合的律師也不見得相同，不過有些原則還是不變的，比起在馬路上或是在網路上亂逛亂找，有些基本的方向也比較容易找到適合自己的律師喔！

❶ **找律師之前一定要確認他是個正牌的律師：**

　　雖然說有律師牌不見得就很厲害，可是起碼出錯的機率比較低，而且因為受律師法的規範，比較有保障，而且其實能通過律師考試，都代表有基礎的法律專業能力，再怎麼差也差不到哪裡去，所以不要再聽信什麼不是律師打官司比律師厲害的鬼話了！

❷ **律師要找自己信任的：**

　　律師是一個你必須對他掏心掏肺的把身家都交代清楚的人，如果沒有足夠的信任感，你怎麼會敢把事情跟他說呢？

(1) 不要找會用旁門左道的律師：

他的旁門左道不見得是用來幫你打官司呀，也可能是拿來
對付你呀……。

(2) 不要找太便宜的律師：

每個人一天都只有 24 小時，一年也都只有 356 天，律師
也一樣，收費便宜代表他得接更多的案件才能維持一定的
收入，他的案件愈多，處理你的案件的時間就愈少。

❸ 家事案件的律師要怎麼找：

家事案件的勝敗常常不在判決的勝敗，只想打贏官司的律
師不會是一個好的家事律師。

而目前比較常在處理家事案件的律師都開始接受一些額
外的專業訓練，目的就是在協助當事人可以理性的處理他
們的案件，並且減少訴訟以外的損失（與家人失和、讓孩
子為難等等），所以如果是家事案件的話，還是盡量找長
期都有在處理家事案件的律師來處理會比較好。

❹ 找大型事務所的律師比較好嗎？

一般來說，找大型事務所的好處是不怕被假律師騙，但通
常費用比較高，畢竟標的金額太小的案件，就算贏了，拿
到的錢也都拿去付律師費了，是在瞎忙什麼啦？！

小所律師案件比較少，不過要小心求證免得找到假律師。

❺ 找有名的律師比較好嗎？

有名的律師本來就不一定比較會處理案件，他會出名可能
是跟我一樣很會發廢文（誤），跟他的專業能力不見得能
夠畫上等號，而且有名的律師通常收費也比較高，能不能
得到相對應的品質也是很大的疑問。

❻ 第一審打輸了，要不要換律師？

陣前換將向來是兵家大忌，我覺得除非是第一審的律師真
的打得荒腔走板，不然還是盡量找同一個律師繼續打下去
比較好，一來是原來的律師對於案件比較熟悉，換個律師
等於整個都要重新來過，有時候你會覺得你已經有跟律師
講了，不過卻是跟上一個律師講，不小心可能會遺漏重要
的訊息，這樣對案件自然不太好。

❼ 要小心什麼樣的律師？

(1) 打包票會贏的律師

只要審判的法官還是人的一天，就不會有包贏的訴訟。因
為每個案件或多或少都有需要法官用自由心證判斷的空
間，只要有這個空間存在，那就不會有包贏的官司，只要

是稍微有點經驗的律師都知道這個道理，所以會打包票說會贏的律師，要嘛是經驗不足，要嘛他根本就不是律師，無論是哪一種，都不會是你需要的律師！

(2) 無法掌握案情的律師

律師無法掌握案情可能有幾種，一種是跟當事人溝通不良導致無法掌握案情，一種是律師的理解能力不好，一種是律師太忙導致沒時間好好理解案情，其實不管是哪一種，也不管是誰的問題，重點是這個律師跟你的頻率就是對不上，那還是快點換一個律師比較好，免得因此打輸了官司。

(3) 主動說跟法官、檢察官有關係的律師

真的有關係的不會主動講，會主動講的通常都有問題，而且有關係也不見得有用，什麼待過法院、地檢署的都沒啥屁用，不然像我當過法院的法官助理、地檢署的書記官不就飛上天了？

(4) 自稱副所長不自稱律師

律師事務所所長必需是律師，有律師資格的人就算當了事務所所長、合夥人通常也還是會自稱律師，不自稱律師的都可以去查一下是不是真的律師，之前我查到好多「所長」、「副所長」都沒有律師資格，尤其是副所長幾乎都不是律師。

(5) 親友在當律師

如果是家事案件或是對造也是他的親友的話最好不要找
他，因為兩造都是親戚，他也為難，如果對造是別人的
話，那建議找他，因為律師通常不敢亂辦親友的案件。

律師的真實樣貌

　　自從民國一百年律師考試變革後，在幾年之間就產出了幾乎是前二十年總和的律師人數，而全國律師的總人數也翻了一倍，在越來越多律師、越來越競爭的律師界，要怎麼賺大錢……啊！不是，要怎麼出人頭地，就成了律師的課題。法律專業已經不再是收入的保證，有業務能力才能讓你餓不死，於是律師也正式從專業人士變成「專門業務人士」。

　　老一輩的律師就不用說了，基本上以前的律師是鳳毛麟角，把招牌掛起來，客人自己就會走進來，因為律師就那麼幾個，選擇也不多，遇到法律問題的時候，路上看到招牌就會自己走進去了，根本不缺案件；現在的律師是狗毛豬腳，雖然沒路邊的狗屎多，不過一般人認識個兩、三個律師也是正常的，當有需要的時候，還得像皇帝翻牌子一樣，決定要把案子給誰辦。

　　為了在這種日益激烈的競爭市場中脫穎而出，律師們多是花招百出，有的上節目，有的寫文章，有的呢，則是把自己包裝成公益律師。

　　事實上有些律師在承辦一些公益案件的時候，主要目的是在

為自己打知名度，不要看他們在媒體上道貌岸然、熱血激情的模樣，其實最終的目的可能還是為了利益，要嘛為錢，要嘛為利。

有的人可能不以為然，覺得這算有些名氣的公益律師，無論是人權律師、環境律師或是其他公益領域的公益律師這麼熱血，怎麼我還這樣詆毀他們。

我不敢說所有的律師都是這樣為名為利，也不敢說這些律師打從一開始就完全是為了行銷自己才會去參與這些公益活動，不過律師也是人，也需要生活，要生活就需要錢，要錢就得賺，從哪賺？不就是要當事人掏出錢來？就像前面說的，以前的律師招牌掛起來，當事人就會自己走進來，其實現在也是一樣，只不過現在的「招牌」指的可能是「公益律師」、「網紅律師」、「性平律師」、「名人律師」的招牌，以公益律師為例，當大家認定你是公益律師的時候，對你的信任感就提升了，加上又沒有熟識的律師，自然而然的就會想要去找這些有些名氣、形象正面的公益律師了（為了避免誤會，我要特別強調，不是所有的「公益律師」都是這樣的喔）。

我曾經跟幾個形象正面（至少是一開始的時候形象正面）的律師接觸過，多是對於行銷有一定的概念的人。有的從一開始就參與或舉辦各種活動，而且特意的塑造自己專業的形象（有時不只是法律的專業），也盡力的去參與一些公益組織，像是司法改革基金會、法律扶助基金會，或是一些環境保護團體，甚至也會

參與公民運動，像是幾年前的太陽花學運、空姐罷工、關廠工人運動，到處可見一些所謂「公益律師」的身影。

大家都知道，時間就是金錢，對於律師來講，尤其是這樣，雖然不像一般人常常揶揄律師只要開始講話就按碼錶，不過按小時計收費用倒是大部分的律師都會有的收費方式，每個小時收個三、五千到一、兩萬都是正常的，那為什麼這些「公益律師」要花這麼多時間在這些公益活動、公民運動上面？難道可以跟這些學生、工人、空姐拿到錢嗎？其實大部分的情形都是不收費的，也就是說即使空姐、工人拿到錢，也不見得會分給律師。那這些律師就都這麼熱血嗎？為了別人的事不求回報的拋頭顱、灑熱血嗎？答案很可能是否定的。

通常這些從事公益活動的律師都是自己開業的律師（像我這樣從受僱時期就開始參與拿不到錢的公益活動的律師其實不多），因為受僱於事務所的受僱律師除了因為身上有很多的案件要處理，沒什麼時間去搞一些有的沒的的事情以外，也因為受僱律師比較沒有接案的需求，接新案件只是讓自己更忙而已，也沒啥好處。

不過自己開業的律師就不同了，因為自己開業，有業績上的壓力，要是這個月沒新案進來就沒收入，就可能付不出租金、水電費或是員工的薪水，因此也會積極的提升知名度或是尋找業務機會。公益活動就是最好的平台，除了在自己的學經歷、簡介上

可以加上一個頭銜（××公民活動義務律師）外，運氣好還有接受採訪的機會，在電視、報紙或是網路媒體上有曝光的機會，如果事件是比較受矚目的，還有機會受邀上電視節目，那知名度更是可以大大的打開，多上幾次鏡頭，媒體就會開始給各種「人權律師」、「環保律師」、「公益律師」等等的頭銜。

可能有人會想，就算有這個知名度，那會來找他們的應該也就是這些「公益案件」、「環保案件」的當事人吧，這類的案件能賺什麼錢啊？事情可不是像我們這種憨人想的這麼簡單。不管出名的原因是什麼，一旦知名度打開之後，各種案件當事人會主動來找的機會就都會大幅提升。而且一旦知名度高了之後，敢主動來找的當事人通常願意付錢的比例也比較高。

而且通常會賺錢的案子都不是賴以出名的案件類型，像有幾個很具知名度的「公益律師」，其實主要承接的案件都是非訟型的商務案件，也就是幫人審閱合約、協助談判等等不需要打官司的案件，甚至包括前立委黃國昌不當立委後開律師事務所也是以商務案件為主，至於所塑造出來的公益形象可能不過是他們用來作行銷的工具罷了，還聽聞過有某律師在知名度打開之後，就不再接一些公益案件，或是會挑有機會上媒體的案件才要接。

是說律師也是人，就算是「公益律師」也是人，大部分的人都會希望可以花最少的力氣，得到最大的回報，律師當然也不例外，尤其是對於很多律師而言，接案不過是為了養家活口，訴訟

也不過就是賺錢的工具，再熱血的律師，也終有成家立業面臨養家活口的時候，就算是「我們與惡的距離」中具有主角威能的王赦律師（吳慷仁飾），也會迷惘於現實與理想，更何況是身為平凡人的律師？

不過即使如此，大部分的律師的心底多少都還是有那份榮譽感，其實也不難發現，在我們的四周總會有些律師默默的在為社會貢獻一己之力，督促司法制度的改革，有時雖會帶點私人目的，但是我相信大部分的律師內心裡都還是對自己有些期許，在律訓結訓時，伸手在誓詞上宣誓，唸出要「捍衛人權」、要「投身公益」、要「為促使法律符合社會正義而奮鬥」的時候，那股澎拜的熱血，那份榮譽感或多或少的留在心裡，除了已被現實社會改變的現實律師外，也還是會有一些傻瓜律師繼續他們的熱血生涯。

優生活 170

律師也有良心，怎麼了嗎？

卡債不用全還、車禍對方錯了還是可以告你、獲得遺產竟被告侵占……
36 個需要律師的煩心事，讓暗黑律師法老王為你解惑！

作　　　者 —— 法老王律師 王至德
副 主 編 —— 朱晏瑭
封面設計 —— 李佳隆
內文設計 —— 林曉涵
校　　　對 —— 法老王律師 王至德、朱晏瑭
行銷企劃 —— 謝儀方

第五編輯部總監 —— 梁芳春
董 事 長 —— 趙政岷
出 版 者 —— 時報文化出版企業股份有限公司
　　　　　　108019 臺北市和平西路 3 段 240 號
　　　　　　發 行 專 線 — (02)23066842
　　　　　　讀者服務專線 — 0800-231705、(02)2304-7103
　　　　　　讀者服務傳真 — (02)2304-6858
　　　　　　郵　　　　撥 — 19344724 時報文化出版公司
　　　　　　信　　　　箱 — 10899 臺北華江橋郵局第 99 信箱
時 報 悅 讀 網 —— www.readingtimes.com.tw
電子郵件信箱 —— yoho@readingtimes.com.tw

法律顧問 —— 理律法律事務所 陳長文律師、李念祖律師
印　　　刷 —— 勁達印刷有限公司
初版一刷 —— 2022 年 4 月 29 日

定　　　價 —— 新臺幣 350 元
（缺頁或破損的書，請寄回更換）

律師也有良心,怎麼了嗎?:卡債不用全還、車禍對方
錯了還是可以告你、獲得遺產竟被告侵占……36個
需要律師的煩心事,讓暗黑律師法老王為你解惑/法
老王律師作. -- 初版. -- 臺北市:時報文化出版企業
股份有限公司, 2022.04
　　面;　公分

ISBN 978-626-335-304-6（平裝）
1.CST: 法律 2.CST: 個案研究

580　　　　　　　　　　　　111005265